La Bella Virtù

La pureza según Don Bosco
(a partir de sus consejos, sueños y anécdotas)

Consejos para todos y todas...

P. JAVIER P. OLIVERA RAVASI
1era edición, San Rafael 2011
2da, Ciudad del Este 2012
3da edición, corregida y aumentada, Bs.As. 2017

Con las debidas licencias
P. Javier Olivera Ravasi
quenotelacuentenb@gmail.com

*A mis dos madres:
la que me enseñó a escribir
y la que está en el Cielo*

Prólogo

"29 de mayo. Día de la Ascensión de Nuestro Señor Jesucristo al cielo. Esta mañana don Bosco explicó, como de costumbre, en el púlpito, la historia eclesiástica y nos habló de las vestales entre los paganos. Nos entretuvo con la virtud de la pureza. Son siempre hermosas sus palabras y siempre encantadoras sus pláticas; pero, cuando habla de la reina de las virtudes, no parece un hombre, sino un ángel: Querría escribir alguno de sus pensamientos, mas temo menoscabar la hermosura, la fuerza que él pone y no me atrevo a hacerlo. Baste decir que no sólo lleva el nombre del discípulo predilecto de Jesús, sino también su celestial candor; y por esto no hay que sorprenderse, si sabe hablar de un modo tan sublime de esta preciosa virtud. Hace siete años que obtuve del cielo la suerte de ser su hijo espiritual, de vivir con él, de escuchar de sus labios celestiales palabras de vida. Le he oído muchas veces desde el púlpito hablar de este tema; pero siempre, unas veces más que otras, lo declaro, experimenté la fuerza de sus palabras y me sentí lanzado a todo sacrificio, por amor a tan inestimable tesoro. No soy yo sólo quien lo dice, tengo como testigos a todos cuantos conmigo le escuchaban.

Al salir de la iglesia venían muchos maravillados para exclamar conmigo y con otros:

– ¡Oh qué hermosas cosas dijo esta mañana don Bosco! ¡Me pasaría el día y la noche escuchándole! ¡Cuánto desearía que Dios me concediese el don de poder yo también, cuando sea sacerdote, enamorar de este modo el corazón de la juventud y de todos por esta hermosa virtud!" [1]

---

[1] Don Lemoyne, *Memorias biográficas*, tomo 11.

La *"bella virtù"*; así llamaba San Juan Bosco a la hermosísima virtud angélica; aquélla que nos hace semejantes a los ángeles del Cielo y que, si nos mantenemos firmes, nos hará ver al mismo Dios verdadero (Mt 5,8).

Es Ella: la virtud tan amada y tan buscada una hermosa damisela que tantos dolores de cabeza nos ha dado (y sigue dando) para adquirirla y mantenerla; es, en fin, una Dama hermosa que quiere de nosotros el combate singular contra el mundo (y el Príncipe de este mundo), sus tentaciones y seducciones.

Entre tantos escritores y tantas cosas hermosas que se han dicho hay un santo que se destaca por su especial ternura y predilección; este fue San Juan Bosco, el patrono de la juventud; su vida y su ejemplo están impregnados de anécdotas, sueños y enseñanzas acerca de la pureza, de allí que hayamos querido ir sonsacando de entre sus discursos y correrías lo que más nos pueda servir para alcanzar y difundir la *bella virtù*.

Habrá quienes digan que algunos de sus consejos están pasados de moda (como por ejemplo cuando dice que no hay que "leer libros malos" o "concurrir a espectáculos indecentes"); pues bien, para esto bastará simplemente suplantar esos lugares comunes por nuestras "modernas" tentaciones (como las imágenes de nuestros celulares, de internet, o los "modestos" programas que pasan por la tele a cualquier hora); veremos en realidad cómo "todo es igual y nada es mejor", según nos dice el famoso tango argentino.

A lo largo de estas páginas hablará aquí el santo y no nosotros; lo seguiremos en especial a partir de la monumental obra de su fiel secretario, el P. Juan B. Lemoyne (las famosas "Memorias biográficas" de Don Bosco).

Confiados en la intercesión del santo, entregamos entonces este breve resumen que ha querido ser un arma contundente para dar el buen combate y desposarnos finalmente con aquella "Dama Pureza" que, todavía hoy, sigue enamorando a pesar de sus muchos años.

P. Javier P. Olivera Ravasi

Una introducción de Don Bosco

Una tarde, frente a sus muchachos, San Juan Bosco dio una conferencia sobre la *bella virtù*[2]. Como siempre, su auditorio atento no quería perderse bocado. Luego de mirarlos un breve instante en silencio comenzó diciendo:

"La Santa Madre Iglesia dedica buena parte del mes de octubre a María Santísima. El primer domingo está destinado a la Virgen del Rosario en recuerdo de las innumerables gracias obtenidas y de los maravillosos prodigios obrados merced a su intercesión: gracias y favores que la Santísima Virgen, invocada con este título, concedió a sus devotos. En el segundo domingo se celebra la Maternidad de María recordando a los cristianos que María es nuestra Madre y todos nosotros somos sus hijos queridos. El tercer domingo, que es hoy, se celebra su pureza, virtud que la hizo tan grande ante Dios y que formó de ella la más hermosa criatura. Como ya hace dos domingos seguidos que me oís hablar de las glorias de María, esta tarde, en lugar de hablaros de la bienaventurada Virgen María, os hablaré de la bella virtud, demostrándoos en cuánta estimación la tiene el mismo Dios. ¡Qué feliz sería yo si esta tarde pudiese insinuar en vuestros tiernos corazones el amor a esta angélica virtud! ¡Prestadme atención!

¿Qué es la virtud de la pureza? Dicen los teólogos que por pureza se entiende odio, aversión a todo lo que va contra el sexto mandamiento, de modo que todos, cada uno en su propio estado, pueden guardar la virtud de la pureza. La pureza es tan agradable a Dios, que en todo tiempo premió con los más estupendos prodigios a los que la guardaron y castigó con los más severos castigos a los que se entregaron al vicio opuesto. Desde los primeros tiempos del mundo, a pesar de que los hombres no se habían

---

[2] Don Lemoyne, *Memorias biográficas*, tomo 6. Todo lo que aquí se escriba, salvo aclaración, es recopilación de dicha obra.

multiplicado mucho, pues se entregaron al desorden, Enoc guardó puro su corazón a Dios. Por esto no quiso el Señor que permaneciera entre gente viciosa, y unos ángeles, enviados por El, arrebataron a Enoc del consorcio de los nombres y lo trasladaron a un lugar misterioso, desde donde después de su muerte será llevado al cielo por Jesucristo.

Sigamos adelante. Los hombres se habían multiplicado sobre la tierra; olvidándose de su Creador, se habían engolfado en los vicios más abominables: *Omnis caro corruperat viam suam* (toda carne corrompía su vida). Indignado Dios por tamaña iniquidad, determinó arrasar a todo el género humano con un diluvio universal. Pero salvó a Noé con su mujer y a sus tres hijos con sus esposas. ¿Por qué esta preferencia con ellos? Porque guardaron la bella e inestimable virtud de la pureza.

Demos un paso más. Después del diluvio, los habitantes de Sodoma y Gomorra se entregaron a toda suerte de desórdenes. Dios determinó exterminarlos, no con un diluvio de agua, sino con un diluvio de fuego. ¿Pero qué hizo antes? Volvió sus ojos hacia aquellas infelices ciudades y vio que Lot con su familia se había mantenido virtuoso. Y enseguida envió un ángel para que advirtiera a Lot que se alejara de aquellas ciudades con todos sus familiares. Obedeció Lot, y tan pronto como salió, un mar de fuego, con horrendo fragor y relámpagos y truenos, cayó sobre aquellas míseras ciudades y las hundió con todos sus habitantes. Lot y su familia estaban a salvo, pero su mujer, vencida por la curiosidad, se ganó la indignación de Dios. El ángel había prohibido a los fugitivos volverse hacia atrás al oír el fragor del castigo de Dios. Pues bien, la mujer de Lot cuando oyó aquel estruendo tan espantoso, que parecía que todo el infierno iba a precipitarse en aquel valle, no pudo contenerse de mirar hacia atrás; y en el instante quedó transformada en una estatua de sal. Así, aunque Dios la había salvado de la común destrucción por su pureza, sin embargo la castigó por la inmodestia de sus ojos. Con esto quiso Dios enseñarnos

Pero sigamos adelante. Trasladaos con el pensamiento a Egipto. Allí os encontraréis con un jovencito que, por no haber querido condescender a cometer una mala acción, sufre persecuciones, calumnias y cárcel. ¿Pero permitirá Dios que perezca José? ¡No! Esperad un poco de tiempo y le veréis en el trono de Egipto, salvando con sus consejos de la muerte, no sólo a los egipcios, sino también a Siria, Palestina, Mesopotamia y muchas otras naciones. ¿De dónde le vino tanta gloria? De Dios, que quiso premiar su amor heroico a la virtud de la pureza.

Sería cosa de nunca acabar si quisiera contaros las glorias de las almas puras. De Judit, que liberó a Betulia de los ejércitos extranjeros; de Susana, ensalzada hasta el cielo por su inquebrantable virtud; de Ester, que salvó a su nación; de los tres niños ilesos en medio de las llamas de un horno; de Daniel, incólume en la cueva de los leones. ¿Por qué Dios obró estos prodigios en su favor? ¡Por su pureza, por su pureza! Sí, la virtud de la pureza es tan hermosa, tan agradable a los ojos de Dios, que en todo tiempo y en todas circunstancias protegió a los que la poseían.

Pero vayamos adelante, que esto no basta. Llegó el tiempo deseado en que debía nacer el Salvador del mundo. ¡Quién tendrá la alegría de ser su madre? Vuelve Dios la mirada hacia todas las hijas de Sión y encuentra una sola digna de tan gran prerrogativa: la Virgen María. De ella nació Jesucristo, por obra del Espíritu Santo. ¿Mas por qué tan grande prodigio y privilegio? Como premio a la pureza de María, que fue la más pura, la más casta de todas las criaturas. ¿Por qué motivo creéis vosotros que a Jesucristo le gustaba tanto estar con los niños, conversar con ellos y acariciarlos, sino porque no habían perdido todavía la bella virtud de la pureza? Los Apóstoles querían echarlos porque tenían los oídos ensordecidos con sus gritos, pero el Divino Salvador les reprendió y mandó que los dejaran acercarse a Él. *Sinite parvulos venire ad me, talium est enim regnum coelorum* (dejad que los pequeñuelos vengan a mí, pues de ellos es el reino de los cielos), y añadió, además, que ellos,

los apóstoles, no entrarían en el reino de los cielos si no se hacían sencillos, puros y castos como aquellos niños.

El Divino Salvador resucitó a un niño y a una niña; ¿por qué? Porque, así lo interpretan los Santos Padres, no habían perdido la pureza.

¿Por qué Jesucristo tuvo tanta predilección por san Juan?

Sube al monte Tabor para transfigurarse y lleva como testigo a san Juan. Va a pescar con los apóstoles y prefiere subir a la barca de Juan. En la última cena deja que Juan recline la cabeza sobre su pecho, lo quiere por compañero en el Huerto de Getsemaní, lo quiere como testigo de su pasión y muerte en el Calvario. Ya clavado en la cruz, se vuelve a Juan y le dice:

– Hijo, he ahí a tu madre; mujer, he ahí a tu hijo.

Así le confía Jesús a su Madre, la criatura más grande de cuantas jamás salieron y saldrán de las manos de Dios. ¿Por qué tan singular preferencia? ¿Por qué? Porque san Juan tenía, queridos jóvenes, un título que le hacía acreedor al afecto especial de Jesús, su virginal pureza. Este amor de predilección de Jesús a Juan era tal que despertó celos en los otros apóstoles, hasta el punto de inducirlos a creer que Juan no moriría, porque había dicho Jesús a Pedro:

– ¿Y si yo quisiera que éste viviese hasta que yo venga, a ti qué te importa?

– Efectivamente, san Juan fue un apóstol que sobrepasó en muchos años a todos los demás y a él manifestó Jesucristo la gloria que gozan en el cielo los que en este mundo han guardado la bella virtud de la pureza. Este mismo apóstol dejó escrito en su Apocalipsis que, habiendo entrado en el último cielo, vio una gran muchedumbre de almas vestidas de blanco con un cinturón de oro y llevando una palma en la mano. Estas almas estaban continuamente con el Cordero Divino y le seguían adonde quiera que fuese. Cantaban un himno tan bello, tan suave, que Juan, no pudiendo resistir tanta dulzura de armonía, vuelto al ángel que le acompañaba, le dijo:

– ¿Quiénes son éstos que rodean al Cordero y cantan un himno tan bello que ningún otro santo puede cantar?

El ángel respondió:

– Son las almas, que han guardado la bella virtud de la pureza, *virgines enim sunt* (pues son vírgenes).

¡Oh, almas dichosas que todavía no habéis perdido la bella virtud de la pureza, redoblad, os lo suplico, vuestros esfuerzos para conservarla! Guardad los sentidos, invocad a menudo a Jesús y a María, visitad a Jesús en el sagrario, comulgad con frecuencia, obedeced, rezad. Poseéis un tesoro tan hermoso, tan grande, que los ángeles mismos os lo envidian. Vosotros sois, como afirma nuestro mismo redentor Jesucristo, sois semejantes a los ángeles: *erunt sicut angeli Dei in coelo* (serán como ángeles de Dios en el cielo).

Y vosotros, los que desgraciadamente la habéis perdido, no os desaniméis; las jaculatorias, las frecuentes y buenas confesiones, el evitar las ocasiones, las visitas a Jesús os ayudarán a recobrarla. Luchad con todas vuestras fuerzas, no temáis, la victoria será vuestra, pues nunca os faltará la gracia de Dios. Verdad es que ya no tendréis la gran suerte de pertenecer a aquel séquito de santos que en el paraíso tienen un puesto reservado, ya no podréis cantar el himno que sólo los vírgenes pueden cantar, pero esto no es un obstáculo para vuestra futura perfecta felicidad. Queda todavía un lugar para vosotros en el cielo, tan hermoso, tan majestuoso, que a su lado son como de barro y desaparecen los tronos de los más ricos príncipes y más poderosos emperadores, que fueron y podrán ser en esta tierra. Estaréis rodeados de tanta gloria que ninguna lengua humana ni angélica podrá jamás expresar. Podréis todavía gozar de la querida y dulce compañía de Jesús y de María, de esta nuestra buena Madre que allá nos espera ansiosa; de la compañía de todos los santos, de todos lo ángeles, que ahora y siempre están prontos a ayudarnos con tal de que tomemos a pechos guardar la bella virtud de la pureza".

Hasta aquí el santo; sencillo, grave y sereno; así eran sus palabras. Vayamos luego de esta breve introducción a su legado; en él podremos, como en un pequeño arrollo, sacar pequeñas pepitas de oro que, con paciencia, nos convertirá en poseedores de un gran tesoro.

La pureza en los sueños

San Juan Bosco fue un soñador, pero no de esos que descubren nuevas galaxias o nuevos mundos; sino un hombre de sueños: Dios le había concedido el don de ver entre sueños varias verdades que mientras estaba despierto le costaba descubrir. Veremos aquí algunas de ellas referidas a la bella virtud de la pureza.

Las malas confesiones

El domingo 3 de Mayo de 1869[3] San Juan Bosco tuvo un sueño que lo conmovió; luego de ver parte del Infierno relata lo siguiente:

"Me acerqué aún más y me aproximé para que me viesen, esperando poder hablarles y que me dijeran algo, pero ninguno hablaba ni me miraba. Pregunté entonces al guía la causa de esto, y me fue respondido que en el otro mundo no tienen libertad los condenados. Cada uno sufre allí el castigo que Dios le ha impuesto, sin que pueda haber mutación de ninguna clase.

– Ahora es necesario – añadió – que tú también vayas al medio de aquella mansión de fuego que has visto.

– No, no – respondí aterrorizado –; no quiero ir al infierno.

– Dime – observó el amigo –: ¿qué te parece mejor: ir al infierno y librar a tus jóvenes, o bien quedarte fuera y dejarlos a ellos en medio de tantos tormentos?

Respondí:

– ¡Oh!, a mis queridos jóvenes yo los quiero mucho, y quiero que todos se salven. ¿Pero no podemos hacer de manera que ni ellos ni yo vayamos ahí dentro?

---

[3] SAN JUAN BOSCO, *Biografía y escritos de San Juan Bosco*, BAC, Madrid 1967, 607-608.

– Todavía estás a tiempo – me respondió el amigo –, y también ellos lo están, con tal que hagan todo los que pueden.

Mi corazón se ensanchó y dije para mí:

– Poco me importa sufrir y trabajar, con tal que pueda librar de tantos tormentos a estos queridos hijos.

– Ven, pues, dentro – replicó el amigo. Y verás la bondad y omnipotencia de Dios, que amorosamente emplea mil medios para llamar a penitencia a tus jóvenes y salvarlos de la muerte eterna.

Me tomó de la mano para introducirme en la caverna. Apenas puse el pie en el umbral, me encontré transportado a una magnífica sala con puertas de cristal. Sobre éstas, y a regular distancia, largos velos estaban colgados, cubriendo otros tantos departamentos que comunicaban con la caverna.

El guía me indicó uno de aquellos velos, sobre el cual estaba escrito: "Sexto mandamiento", y exclamó:

– La transgresión de éste es la causa de la ruina de muchos jóvenes.

– ¿Pero no se han confesado?

– Sí, se han confesado, pero los pecados contra la bella virtud los confesaron mal o los callaron por completo. Por ejemplo, uno que había cometido cuatro o cinco de estos pecados, confesó sólo dos o tres. Hay quienes cometieron uno solo en la niñez y tuvieron siempre vergüenza de confesarlo o lo han confesado mal y no han dicho todo. Otros no tuvieron dolor ni propósito. Más aún: algunos, en vez de examinar su conciencia, estudiaban el modo de engañar al confesor. Y el que muere con tal resolución está dispuesto a ser del número de los condenados, y así será para toda la eternidad. Sólo los que, arrepentidos de todo corazón, mueren con la esperanza de la eterna salvación, serán eternamente felices. Y ahora ¿quieres ver por qué la misericordia de Dios te ha conducido hasta aquí?

Levanté el velo y vi un grupo de chicos a quienes yo conocía, condenados por este pecado. Entre ellos había algunos que, en apariencia, tienen buena conducta.

– Por lo menos, ahora me dejarás escribir los nombres de estos chicos para poderlos avisar en particular.

– No hace falta– me respondió.

– ¿Qué debo decirles?

– Predica constantemente contra la inmodestia. Basta avisarles en general, y no olvides que, aunque los avises en particular, prometerán, pero no siempre firmemente. Para conseguir esto se requiere la gracia de Dios, que, pedida, jamás les faltará a tus jóvenes. Dios manifiesta especialmente su poder en compadecer y perdonar. Oración, pues, y sacrificio por tu parte. Los jóvenes escuchen tus exhortaciones, pregunten a su conciencia, y ella les sugerirá cuanto deben hacer".

El ocio y la impureza: el pecado del Rey David

(En sueños un mensajero le dice)[4]: "¡Ay del que descuida la oración! ¡El que no reza se condena! Hay aquí algunos que, en vez de cantar los cánticos sagrados o el oficio de la Santísima Virgen, leen libros que tratan de todo menos de religión, y algunos, vergüenza da el decirlo, hasta leen libros prohibidos.

Y continuó enumerando otras transgresiones que son causa de graves desórdenes. Cuando hubo terminado, le miré conmovido; él me miró y le dije:

– Y todas estas cosas, ¿podré contárselas a mis niños?

– Sí, puedes decirles a todos lo que recuerdes.

– ¿Y qué consejo podré darles para que no les sucedan tan graves desgracias?

---

[4] SAN JUAN BOSCO, *Biografía y escritos de San Juan Bosco*, BAC, Madrid 1967, 610.

– Insistirás demostrando cómo la obediencia, aun en las cosas más pequeñas, a Dios, a la Iglesia, a los padres y a los superiores, los salvará.

– ¿Y qué más?

– Dirás a tus jóvenes que se guarden mucho del ocio, porque ésta fue la causa del pecado de David. Diles que estén siempre ocupados, porque así el demonio no tendrá tiempo de asaltarlos.

Incliné la cabeza y prometí. No pudiendo más por el cansancio, dije al amigo:

– Te agradezco la caridad que has usado conmigo y te ruego que me hagas salir de aquí".

La flor de de la pureza

Hace dos o tres días tuve un sueño[5]. "¿Queréis que os lo cuente?"

Como yo quiero mucho a mis jóvenes, siempre sueño que me encuentro en su compañía.

Parecióme, pues, encontrarme en medio del patio, rodeado de mis queridos hijitos, cada uno de los cuales tenía en la mano una flor. Quién una rosa, quién una azucena, quién una violeta, quién una rosa y un lirio juntamente. En suma: unos tenían una flor y otros otra. Cuando de pronto apareció un gatazo con cuernos, completamente negro, grande como un perro, de ojos encendidos como brasas y cuyas uñas eran gruesas como un clavo y su vientre descomunalmente abultado.

La horrible bestia se acercaba cautelosamente a los jóvenes y dando vueltas alrededor de ellos, ahora daba un zarpazo a la flor de uno arrojándosela al suelo, ahora hacía lo mismo con la de otro y así sucesivamente.

Ante la aparición de este animal, yo me sentí lleno de espanto y muy maravillado al comprobar que los jóvenes

---

[5] DON LEMOYNE, *Memorias biográficas*, tomo 8.

no se inmutaban lo más mínimo, sino que continuaban como si nada sucediese.

Cuando me di cuenta de que el gato se dirigía hacia mí para arrebatarme mis flores, comencé a huir.

Pero me detuvieron y oí que me decían:

– No huyas y di a tus muchachos que levanten el brazo y así el gato no logrará arrebatarles las flores de las manos.

Me detuve y levanté el brazo: el gatazo hacía inauditos esfuerzos por arrebatarme las flores; saltaba una y otra vez, pero como era tan pesado, caía torpemente a tierra.

El lirio, mis queridos amigos, representa la bella virtud de la modestia a la cual el diablo hace continua guerra. ¡Ay de aquellos jóvenes que no mantienen la flor en alto! El demonio los lleva y les hace caer. Los que la tienen abajo, son los que halagan su cuerpo comiendo desordenadamente y fuera de tiempo; los que rehúyen el trabajo, el estudio, entregándose al ocio; aquéllos a los que agradan ciertas conversaciones; los que leen ciertos libros; los que no quieren saber nada de mortificación. Por caridad, combatid a este enemigo; de otra manera, él se enseñoreará de vosotros. Tales victorias son difíciles, pero la eterna Sabiduría nos ha sugerido el medio para conseguirlas: *Hoc genus daemoniorum non ejicitur nisi per orationem et jejunium* (esta clase de demonios sólo se la expulsa con la oración y el ayuno). Levantad vuestro brazo, levantad en alto vuestra flor y estaréis seguros. La modestia es una virtud celestial y el que quiera conservarla es necesario que se eleve hacia el cielo. Salvaos, pues, con la oración.

La oración que os levanta al cielo es la de la mañana y de la noche bien rezada; oración es la meditación y la misa; oración es la confesión frecuente y la comunión; oración son las pláticas y las exhortaciones del Superior; oración es la visita al Santísimo Sacramento; oración es el rosario; oración es el estudio.

Con la oración vuestro corazón se ensanchará como un globo, se elevará al cielo y así podréis decir con el rey David: *Viam mandatorum tuorum cucurri, cum dilatasti cor meum* (corro por el camino de tus mandamientos, pues tú mi corazón dilatas).

Así pondréis a salvo la más bella de las virtudes, y vuestro enemigo, por más esfuerzos que haga, no os la podrá arrebatar".

El pañuelo de la pureza

En otros de sus sueños Don Bosco habló así[6]:

"Era la noche del 14 al 15 de junio. Después que me hube acostado, apenas había comenzado a dormirme, sentí un gran golpe en la cabecera, algo así como si alguien diese en ella con un bastón. Me incorporé rápidamente y me acordé en seguida del rayo; miré hacia una y otra parte y nada vi. Por eso, persuadido de que había sido una ilusión y de que nada había de real en todo aquello, volví a acostarme.

Pero apenas había comenzado a conciliar el sueño cuando, he aquí que el ruido de un segundo golpe, hirió mis oídos despertándome de nuevo. Me incorporé otra vez, bajé del lecho, busqué, observé debajo de la cama y de la mesa de trabajo, escudriñé los rincones de la habitación; pero nada vi.

Entonces, me puse en las manos del Señor; tomé agua bendita y me volví a acostar. Fue entonces cuando mi imaginación, yendo de una parte a otra, vio lo que ahora os voy a contar.

Me pareció encontrarme en el púlpito de nuestra iglesia dispuesto a comenzar una plática. Los jóvenes estaban todos sentados en sus sitios con la mirada fija en mí, esperando con toda atención que yo les hablase. Mas yo no sabía de qué tema hablar y cómo comenzar el sermón. Por

---

[6] DON LEMOYNE, *Memorias biográficas*, Tomo 6.

más esfuerzos de memoria que hacía, ésta permanecía en un estado de completa pasividad. Así estuve por espacio de un poco de tiempo, confundido y angustiado, no habiéndome ocurrido cosa semejante en tantos años de predicación. Mas, he aquí que poco después veo la iglesia convertida en un gran valle. Yo buscaba con la vista los muros de la misma y no los veía, como tampoco a ningún joven. Estaba fuera de mí por la admiración, sin saberme explicar aquel cambio de escena.

– ¿Pero qué significa todo esto? – me dije a mí mismo. Hace un momento estaba en el púlpito y ahora me encuentro en este valle. ¿Es que sueño? ¿Qué hago?

Entonces me decidí a caminar por aquel valle. Mientras lo recorría busqué a alguien a quien manifestarle mi extrañeza y pedirle al mismo tiempo alguna explicación. Pronto vi ante mí un hermoso palacio con grandes balcones y amplias terrazas o como se quieran llamar, que formaban un conjunto admirable. Delante del palacio se extendía una plaza. En un ángulo de ella, a la derecha, descubrí un gran número de jóvenes agrupados, los cuales rodeaban a una Señora que estaba entregando un pañuelo a cada uno de ellos.

Aquellos jóvenes, después de recibir el pañuelo, subían y se disponían en fila uno detrás de otro en la terraza que estaba cercada por una balaustrada.

Yo también me acerqué a la Señora y pude oír que en el momento de entregar los pañuelos, decía a todos y a cada uno de los jóvenes estas palabras:

– No lo abráis cuando sople el viento, y si éste os sorprende mientras los estáis extendiendo, volveos inmediatamente hacia la derecha, nunca a la izquierda.

Yo observaba a todos aquellos jóvenes, pero por el momento no conocí a ninguno. Terminada la distribución de los pañuelos, cuando todos los muchachos estuvieron en la terraza, formaron unos detrás de otros una larga fila, permaneciendo derechos sin decir una palabra. Yo continué observando y vi a un joven que comenzaba a sacar su pañuelo extendiéndolo; después comprobé cómo también los demás jóvenes iban sacando poco a poco los suyos y los desdoblaban, hasta que todos tuvieron el pañuelo extendido. Eran los pañuelos muy anchos, bordados en oro con unas labores de elevadísimo precio y se leían en ellos estas palabras, también bordadas en oro: *Regina virtutum* (reina de las virtudes).

Cuando he aquí que del septentrión, esto es, de la izquierda, comenzó a soplar suavemente un poco de aire, que fue arreciando cada vez más hasta convertirse en un viento impetuoso. Apenas comenzó a soplar este viento, vi que algunos jóvenes doblaban el pañuelo y lo guardaban; otros se volvían del lado derecho. Pero una parte permaneció impasible con el pañuelo desplegado. Cuando el viento se hizo más impetuoso comenzó a aparecer y a extenderse una nube que pronto cubrió todo el cielo. Seguidamente se desencadenó un furioso temporal, oyéndose el fragoroso rodar del trueno; después comenzó a caer granizo, a llover y finalmente a nevar.

Entretanto, muchos jóvenes permanecían con el pañuelo extendido, y el granizo, cayendo sobre él, lo agujereaba traspasándolo de parte a parte; el mismo efecto producía la lluvia, cuyas gotas parecía que tuviesen punta; el mismo daño causaban los copos de nieve. En un momento todos aquellos pañuelos quedaron estropeados y acribillados, perdieron toda su hermosura.

Este hecho despertó en mí tal estupor que no sabía qué explicación dar a lo que había visto. Lo peor fue que, habiéndome acercado a aquellos jóvenes a los cuales no había conocido antes, ahora, al mirarlos con mayor atención, los reconocí a todos distintamente. Eran mis jóvenes del Oratorio. Aproximándome aún más, les pregunté:

– ¿Qué haces tú aquí? ¿Eres tú fulano?

– Sí, aquí estoy. Mire, también está fulano, y el otro y el otro.

Fui entonces adonde estaba la Señora que distribuía los pañuelos; cerca de Ella había algunos hombres a los cuales dije:

– ¿Qué significa todo esto?

La Señora, volviéndose a mí, me contestó:

– ¿No leíste lo que estaba escrito en aquellos pañuelos?

– Sí: *Regina virtutum* (reina de las virtudes).

– ¿No sabes por qué?

– Sí que lo sé.

– Pues bien, aquellos jóvenes expusieron la virtud de la pureza al viento de las tentaciones. Los primeros, apenas se dieron cuenta del peligro huyeron, son los que guardaron el pañuelo; otros, sorprendidos y no habiendo tenido tiempo de guardarlo, se volvieron a la derecha; son los que en el peligro recurren al Señor volviendo la espalda al enemigo. Otros, permanecieron con el pañuelo extendido ante el ímpetu de la tentación que les hizo caer en el pecado.

Ante semejante espectáculo me sentí profundamente abatido y estaba para dejarme llevar de la desesperación, al comprobar cuán pocos eran los que habían conservado la bella virtud, cuando prorrumpí en un doloroso llanto. Después de haberme serenado un tanto, proseguí:

– Pero ¿cómo es que los pañuelos fueron agujereados no sólo por la tempestad, sino también por la lluvia y por la nieve? ¿Las gotas de agua y los copos de nieve no indican acaso los pecados pequeños, o sea, las faltas veniales?

– ¿Pero no sabes que en esto non *datur parvitas materiae*? (no se da parvedad de materia; significa que el pecado de este tipo siempre es grave). Con todo, no te aflijas tanto, ven a ver.

Uno de aquellos hombres avanzó entonces hacia el balcón, hizo una señal con la mano a los jóvenes y gritó:

– ¡A la derecha!

Casi todos los muchachos se volvieron a la derecha, pero algunos no se movieron de su sitio y su pañuelo terminó por quedar completamente destrozado. Entonces vi el pañuelo de los que se habían vuelto hacia la derecha disminuir de tamaño, con zurcidos y remiendos, pero sin agujero alguno. Con todo, estaban en tan deplorable estado que daba compasión el verlos; habían perdido su forma regular. Unos medían tres palmos, otros dos, otros uno.

La Señora añadió:

– Estos son los que tuvieron la desgracia de perder la bella virtud, pero remedian sus caídas con la confesión. Los que no se movieron son los que continúan en pecado y, tal vez, caminan irremediablemente a su perdición.

Al fin, dijo: *Nemini dicito, sed tantum admone* (no lo digas a nadie, solamente amonesta).

Consejos desde el Purgatorio

Ayer noche[7], mis queridos hijos, me había acostado, y no pudiéndome dormir, pensaba en la naturaleza y modo de existir del alma; cómo estaba hecha; cómo se podía encontrar y hablar en la otra vida separada del cuerpo; cómo se trasladaría de un lugar a otro; cómo nos podremos conocer entonces los unos a los otros siendo así que, después de la muerte, sólo seremos espíritus puros. Y cuanto más reflexionaba sobre esto, tanto más misterioso me parecía todo.

Mientras divagaba sobre éstas y otras semejantes fantasías, me quedé dormido y me pareció estar en el

---

[7] Don Lemoyne, *Memorias biográficas*, Tomo 8.

camino que conduce a...[8] (y nombró la ciudad) y que a ella me dirigía. Caminé durante un rato; atravesé pueblos para mí desconocidos, cuando de pronto sentí que me llamaban por mi nombre. Era la voz de una persona que estaba parada en el camino.

– Ven conmigo, me dijo; ahora podrás ver lo que deseas.

Obedecí inmediatamente. Aquella persona se movía con la rapidez del pensamiento y lo mismo yo. Caminábamos sin tocar con los pies en el suelo. Al llegar a una región que no sabría precisar, mi guía se detuvo. Sobre un lugar eminente se elevaba un magnífico palacio de admirable estructura. No sabría puntualizar dónde estaba, ni a qué altura; no recuerdo si sobre una montaña o en el aire, sobre las nubes. Era inaccesible, y no se veía camino alguno para subir. Sus puertas estaban a una altura considerable.

– ¡Mira! ¡Sube a ese palacio!, me dijo mi guía.

– ¿Cómo hacerlo?, exclamé. ¿Cómo apañarme? Aquí abajo no hay entradas y yo no tengo alas.

– ¡Entra!, me dijo el otro en tono imperativo.

Y viendo que yo no me movía, añadió:

– Haz como yo; levanta los brazos con buena voluntad y subirás. Ven conmigo.

Y diciendo esto levantó en alto las manos hacia el cielo. Yo abrí entonces los brazos y al instante me sentí elevado en el aire a guisa de ligera nube. Y heme aquí a la entrada del gran palacio. El guía me había acompañado.

– ¿Qué hay dentro?, le pregunté.

---

[8] Don Lemoyme es muy cuidadoso con los nombres citados por Don Bosco, sean éstos de personas o ciudades y normalmente nunca los apunta.

– Entra: visítalo y verás. En una sala, al fondo, encontrarás quien te aleccione.

El guía desapareció y yo, habiéndome quedado sólo y guía de mí mismo, entré en el pórtico, subí las escaleras y me encontré en un departamento verdaderamente regio. Recorrí salas espaciosas, habitaciones riquísimamente decoradas y largos pasillos. Yo caminaba a una velocidad fuera de lo normal. Cada sala brillaba al conjuro de los sorprendentes tesoros en ella acumulados y con gran rapidez recorrí tantos departamentos que me hubiera sido imposible contarlos.

Pero, lo más admirable fue lo siguiente. A pesar de que corría a la velocidad del viento, no movía los pies, sino que permaneciendo suspendido en el aire y con las piernas juntas, deslizábame sin cansancio sobre el pavimento sin tocarlo, como si se tratase de una superficie de cristal. Así, pasando de una sala a otra, vi finalmente al fondo de una galería una puerta. Entré y me encontré en un gran salón, magnífico sobre toda ponderación... Al fondo del mismo, sobre un sillón, vi majestuosamente sentado a un Obispo, como quien espera a dar audiencia. Me acerqué con respeto y quedé maravillado al reconocer en aquel prelado a un amigo íntimo. Era Monseñor... (y dijo el nombre), Obispo de... muerto hace dos años. Parecía no sufrir nada. Su aspecto era lozano, afectuoso y de una belleza que no se puede expresar.

– ¡Oh, Monseñor! ¿Vos aquí?, le dije con alegría.

– ¿No me veis?, replicó el obispo.

– ¿Cómo os encontráis? ¿Estáis vivo todavía? ¿No habíais muerto?

– Sí, he muerto.

– Pues si moristeis, ¿cómo estáis aquí sentado, tan lozano y con tan buena apariencia? Si estáis vivo todavía, decídmelo por favor pues de lo contrario nos veremos en un gran lío. En A... hay ya otro Obispo, Monseñor... ¿cómo arreglaremos este asunto?

– Estad tranquilo, no os preocupéis, que yo estoy muerto...

– Más vale así, pues ya hay otro en vuestro lugar.

– Lo sé. ¿Y vos, don Bosco, estáis vivo o muerto?

– Yo estoy vivo. ¿No me veis aquí en cuerpo y alma?

– Aquí no se puede venir con el cuerpo.

– Pues yo lo estoy.

– Eso os parece, pero no es así...

Y al llegar a este punto de la conversación, comencé a hablar muy de prisa, haciendo pregunta tras pregunta, sin obtener contestación alguna.

– ¿Cómo es posible, decía, que estando yo vivo pueda estar aquí con Vos que estáis muerto?

Y tenía miedo de que el prelado desapareciese; por eso comencé a decirle en tono suplicante:

– Monseñor, por caridad, no os vayáis. ¡Necesito saber tantas cosas!

El Obispo, al verme tan preocupado:

– No os inquietéis de ese modo, dijo; estad tranquilo, no lo dudéis; no me iré; hablad.

– Decidme, Monseñor, ¿os habéis salvado?

– Miradme, contestó; observad cuán fuerte, lozano y resplandeciente me encuentro.

Su aspecto verdaderamente me daba cierta esperanza de que se hubiera salvado; pero no contentándome con eso, añadí:

– Decidme si os habéis salvado: ¿sí o no?

– Sí, estoy en un lugar de salvación.

– Pero ¿estáis en el Paraíso gozando de Dios o en el Purgatorio?

– Estoy en un lugar de salvación; pero aún no he visto a Dios y necesito que recéis por mí.

– ¿Y cuánto tiempo tendréis que estar todavía en el Purgatorio?

– ¡Mirad aquí!

Y me mostró un papel, añadiendo:

– ¡Leed!

Tomé el papel en la mano, lo examiné atentamente, pero no viendo en él nada escrito, le dije:

– Yo no veo nada.

– Mirad lo que hay escrito; leed.

– Lo he mirado y lo estoy mirando, pero no puedo leer, porque no hay nada escrito.

– Mirad mejor.

– Veo un papel con dibujos en forma de flores celestes, verdes, violáceas, pero no veo ninguna letra.

– ¡Son cifras!

– Yo no veo cifras, ni números.

Miró el prelado el papel que tenía yo en la mano y dijo después:

– Ya sé por qué no comprendéis; poned el papel al revés.

Examiné la hoja con mayor atención, la volví por ambos lados, pero ni al derecho ni al revés pude leer. Solamente me pareció apreciar que entre las vueltas y las revueltas de aquellos dibujos floridos, hubiere el número 2.

El Obispo continuó:

– ¿Sabéis por qué es necesario leer al revés?

Porque los juicios de Dios son diferentes de los del mundo. Lo que los hombres toman por sabiduría es necedad para Dios.

No me atreví a pedirle una explicación más clara, y dije:

– Monseñor, no os marchéis; quiero preguntaros más cosas.

– Preguntad, pues; yo escucho.

– ¿Me salvaré?

– Tened esperanza en ello.

– No me hagáis sufrir; decidme enseguida si me salvaré.

– No lo sé.

– Al menos, decidme si estoy o no en gracia de Dios.

– No lo sé.

– ¿Y mis muchachos, se salvarán?

– No lo sé.

– Por favor, os suplico que me lo digáis.

– Habéis estudiado Teología, y por tanto podéis saberlo y daros la respuesta vos mismo.

– ¿Cómo? ¿Estáis en un lugar de salvación y no sabéis estas cosas?:

– Mirad, el Señor se las hace saber a quién quiere; y cuando quiere que se den a conocer estas cosas, concede el permiso y da la orden. De otra manera nadie puede comunicarlo a los que aún viven.

Yo me sentía impulsado por un deseo vehemente de preguntar más y más cosas ante el temor de que Monseñor se marchase.

– Ahora, decidme algo de vuestra parte para comunicarlo a mis muchachos.

– Vos sabéis tan bien como yo, qué es lo que han de hacer. Tenéis la Iglesia, el Evangelio, las demás Escrituras que lo contienen todo; decidles que salven el alma, que lo demás nada interesa.

– Pero, eso ya lo sabemos, que debemos salvar el alma. Lo que necesitamos es conocer los medios que hemos de emplear para conseguirlo. Dadme un consejo que nos haga recordar esta necesidad. Yo se lo repetiré a mis muchachos en vuestro nombre.

– Decidles que sean buenos y obedientes.

– ¿Y quién no sabe esas cosas?

– Decidles que sean modestos y que recen.

– Pero, decidme algo más práctico.

– Decidles que se confiesen frecuentemente y que hagan buenas comuniones.

– Algo más concreto aún.

– Os lo diré, puesto que así lo queréis. Decidles que tienen delante de sí una niebla y que simplemente el distinguirla es ya una buena cosa. Que se quiten ese obstáculo de delante de los ojos, como se lee en los Salmos: *Nubem dissipa* (disipa la nube).

– ¿Y qué es esa niebla?

– Todas las cosas del mundo, las cuales impiden ver la realidad de las cosas celestiales.

– ¿Y qué deben hacer para que desaparezca esa niebla?

– Considerar el mundo tal cual es: *mundus totus in maligno positus est* (el mundo entero se encuentra en el maligno), y entonces salvarán el alma; que no se dejen engañar por las apariencias mundanas. Los jóvenes creen que los placeres, las alegrías, las amistades del mundo pueden hacerles felices y, por tanto, no esperan más que el momento de poder gozar de ellas; pero que recuerden que todo es vanidad y aflicción de espíritu. Que se acostumbren a ver las cosas del mundo, no según su apariencia, sino como son en realidad.

– ¿Y de dónde proviene principalmente esta niebla?

– Así como la virtud que más brilla en el Paraíso es la pureza, también la oscuridad y la niebla son producidas principalmente por el pecado de la inmodestia y de la impureza. Es como un negro y densísimo nubarrón que priva de la vista e impide a los jóvenes ver el precipicio que les amenaza con tragárselos. Decirles, pues, que conserven celosamente la virtud de la pureza, pues los que la poseen, *florebunt sicut lilium in civitate Dei* (florecerán como el lirio en la ciudad de Dios).

– ¿Y qué se precisa para conservar la pureza? Decídmelo, que yo se lo comunicaré a mis jóvenes de vuestra parte.

– Es necesario: el retiro, la obediencia, la huida del ocio y la oración.

– ¿Y después?

– Oración, fuga del ocio, obediencia, retiro.

– ¿Y nada más?

– Obediencia, retiro, oración, y fuga del ocio. Recomendadles estos medios que son suficientes.

Yo deseaba preguntarle muchas cosas más, pero no me acordaba de nada.

De forma que, apenas el Prelado hubo terminado de hablar, en mi deseo de repetiros aquellos mismos consejos, abandoné precipitadamente la sala y corrí al Oratorio. Volaba con la rapidez del viento y en un instante me encontré a las puertas de nuestra casa. Seguidamente me detuve y comencé a pensar:

– ¿Por qué no estuve más tiempo con el Obispo de...? ¡Me habría proporcionado nuevas aclaraciones! He hecho mal dejándome perder tan buena ocasión. ¡Podría haber aprendido tantas cosas hermosas!

E inmediatamente volví atrás con la misma rapidez con que había venido, temeroso de no encontrar ya a

Monseñor. Penetré, pues, de nuevo en aquel palacio y en el mismo salón.

Pero, ¡qué cambio se había operado en tan breves instantes! El Obispo, palidísimo como la cera, estaba tendido sobre el lecho; parecía un cadáver; a los ojos le asomaban las últimas lágrimas; estaba agonizando. Sólo por un ligero movimiento del pecho, agitado por los postreros estertores, se comprendía que aún tenía vida. Yo me acerqué a él afanosamente:

– Monseñor, ¿qué os ha sucedido?

– Dejadme, dijo dando un suspiro.

– Monseñor, tendría aún muchas cosas que preguntaros.

– Dejadme solo; sufro mucho.

– ¿En qué puedo aliviaros?

– Rezad y dejadme ir.

– ¿Adónde?

– Adonde la mano omnipotente de Dios me conduce.

– Pero, Monseñor, os lo suplico, decidme adónde.

– Sufro mucho; dejadme.

– Decidme al menos qué puedo hacer en vuestro favor, repetía yo.

– Rezad.

– Una palabra nada más: ¿tenéis algún encargo que hacerme para el mundo? ¿No tenéis nada que decir a vuestro sucesor?

– Id al actual Obispo de... y decidle de mi parte esto y esto.

Las cosas que me dijo no os interesan a vosotros, mis queridos jóvenes, por tanto las omitiremos.

El Prelado prosiguió diciendo:

– Decidle también a tales y tales personas, éstas y estas otras cosas en secreto.

Don Bosco calló también estos encargos: pero tanto éstos como los primeros parece que se referían a avisos y remedios para ciertas necesidades de aquella diócesis.

– ¿Nada más?, continué yo.

– Decid a vuestros muchachos que siempre los he querido mucho; que mientras viví, siempre recé por ellos y que también ahora me acuerdo de ellos. Que rueguen ahora por mí.

– Tened la seguridad de que se lo diré y de que comenzaremos inmediatamente a aplicar sufragios. Pero, apenas os encontréis en el Paraíso, acordaos de nosotros.

El aspecto del Prelado denotaba entretanto un mayor sufrimiento. Daba pena contemplarlo; sufría muchísimo, su agonía era verdaderamente angustiosa.

– Dejadme, me volvió a decir; dejadme que vaya adonde el Señor me llama.

– ¡Monseñor!... ¡Monseñor!..., repetía yo lleno de indecible compasión.

– ¡Dejadme!... ¡Dejadme!...

Parecía que iba a expirar mientras una fuerza invisible se lo llevaba de allí a las habitaciones más interiores, hasta que desapareció de mi vista.

Yo, ante una escena tan dolorosa, asustado y conmovido, me volví para retirarme, pero habiendo tropezado por aquellas salas con la rodilla en algún objeto, me desperté y me encontré en mi habitación y en el lecho.

Como veis, queridos jóvenes, éste es un sueño como los demás, y en lo relacionado con vosotros no necesita explicación, para que todos lo entendáis.

Don Bosco terminó diciendo:

En este sueño aprendí muchas cosas relacionadas con el alma y con el Purgatorio, que antes no había llegado a comprender y que ahora las veía tan claras que no las olvidaré jamás.

El pastor y los corderos

"En una de las últimas noches del mes de María[9], el 29 o el 30 de mayo, estando en la cama y no pudiendo dormir, pensaba en mis queridos jóvenes y me decía a mí mismo:

– ¡Oh si pudiese soñar algo que les sirviese de provecho!

Después de reflexionar durante un rato añadí:

– ¡Sí! Ahora quiero soñar algo para contarlo a mis jóvenes.

Y he aquí que me quedé dormido.

Apenas el sueño se apoderó de mí, me pareció encontrarme en una inmensa llanura cubierta de un número extraordinario de ovejas de gran tamaño, las cuales, divididas en rebaños, pacían en los extensos prados que se ofrecían ante mi vista. Quise acercarme a ellas y se me ocurrió buscar al pastor, causándome gran maravilla que pudiese haber en el mundo quien pudiera poseer tan crecido número de animales de aquella especie. Después de breves indagaciones me encontré ante un pastor apoyado en su cayado. Inmediatamente comencé a preguntarle:

– ¿De quién es este rebaño tan numeroso?

El pastor no me contestó.

Volví a repetir la pregunta y entonces me dijo:

– ¿Y a ti qué te interesa?

– ¿Por qué, repliqué, me contesta de esa manera?

– Pues bien, dijo el pastor, este rebaño es de su dueño.

– ¿De su dueño? Eso ya me lo suponía, dije para mí.

---

[9] Don Lemoyne, *Memorias biográficas*, Tomo 8.

Y continué en alta voz:

– ¿Y quién es el dueño?

– No te preocupes, me dijo, ya lo sabrás.

Después, recorriendo en su compañía aquel valle, comencé a observar el rebaño y la región en que nos encontrábamos.

Algunas zonas estaban cubiertas de rica vegetación; numerosos árboles extendían sus ramas proporcionando agradable sombra, y una hierba fresquísima que servía de alimento a gran número de ovejas de hermosa y lucida presencia.

En otros parajes la llanura era estéril, arenosa, llena de piedras, recubierta de espinos, desprovistos de hojas, y de grama amarillenta; no había en toda ella ni un tallo de hierba fresca; a pesar de ello, también allí había numerosas ovejas paciendo, pero su aspecto era miserable.

Hice algunas preguntas a mi guía referentes a este rebaño, pero él, sin contestarme a ninguna, dijo:

– Tú no estás destinado a cuidarlas. En éstas no debes pensar. Te voy a llevar a que veas el rebaño que te ha sido reservado.

– Pero ¿tú quién eres?

– Soy el dueño; ven conmigo; vamos hacia aquella parte y verás.

Y me condujo a otro lugar de la llanura donde había millares y millares de corderillos. Tan numerosos eran, que no se podían contar y estaban tan flacos que apenas si se podían tener en pie.

El prado en que estaban era seco, árido y arenoso, no descubriéndose en él ni un tallo de hierba fresca, ni un arroyuelo, sino nada más que algunos gamones secos y matas escuálidas. Todo el pasto había sido totalmente destruido por los mismos corderos.

A primera vista se podía deducir que aquellos pobres animales, que estaban además cubiertos de llagas, habían sufrido mucho y continuaban sufriendo. ¡Cosa extraña! Cada uno tenía dos cuernos largos y gruesos que le salían de la frente, como si fuesen carneros viejos, y en la punta de cada cuerno tenían un apéndice en forma de ese. Contemplé maravillado aquella rara particularidad, causándome gran inquietud el no saberme explicar por qué aquellos corderillos tenían los cuernos tan largos y tan gruesos y la causa de que hubiesen destruido tan pronto la hierba del prado.

– Pero ¿cómo puede ser esto?, dije al pastor. Unos corderos tan pequeños y ya tienen unos cuernos tan grandes:

– Mira bien, me dijo, observa atentamente.

Y al hacerlo pude comprobar que aquellos animales tenían grabado el número 3 en todas las partes del cuerpo: en el lomo, en la cabeza, en el hocico, en las orejas, en las narices, en las patas, en las pezuñas.

– ¿Qué quiere decir esto?, pregunté a mi guía. A la verdad que no entiendo nada.

– ¿Cómo? ¿Que no comprendes nada?, me replicó el pastor. Escucha, pues, y todo lo comprenderás. Esta extensa llanura es figura del mundo. Los lugares cubiertos de hierba significan la palabra de Dios y la gracia. Los parajes estériles y áridos, aquellos sitios en los cuales no se escucha la palabra divina, en los que sólo se procura agradar al mundo. Las ovejas son los hombres hechos y derechos; los corderos, los jovencitos, para atender a los cuales ha mandado Dios a don Bosco. Este rincón de la llanura que contemplas, representa el Oratorio y los corderos en él reunidos, tus hijos. Este lugar tan árido es símbolo del estado de pecado. Los cuernos son imagen de la deshonra. La letra S quiere decir *Scandalum* (escándalo). Los escandalosos, por la fuerza del mal ejemplo, marchan a su perdición. Entre los corderos observarás algunos que tienen los cuernos rotos;

fueron escandalosos, pero ahora cesaron en sus escándalos. El número 3 quiere decir que soportan la pena de su culpa; esto es, que tendrán que sufrir tres grandes carestías: una carestía espiritual, otra moral y otra material.

1.° La carestía de los auxilios espirituales; pedirán estos auxilios y no los tendrán. 2.° La carestía de la palabra de Dios. 3.° La carestía del pan material.

El que los corderos hayan agotado toda la hierba quiere decir que no les queda más que el deshonor y el número 3, o sea, las carestías. Este espectáculo significa también los sufrimientos que padecen actualmente muchos jóvenes en medio del mundo. En el Oratorio, en cambio, incluso los que son indignos de ello, no carecen del pan material.

Mientras yo escuchaba y observaba todas aquellas cosas como desmemoriado, he aquí una nueva maravilla. Todos aquellos corderos cambiaban de aspecto.

Levantándose sobre las patas posteriores adquirían una estatura elevada y la forma de otros tantos jóvenes. Yo me acerqué para comprobar si conocía alguno. Eran todos muchachos del Oratorio. A muchísimos no los había visto nunca, pero todos aseguraban que pertenecían a nuestro Oratorio. Y entre los que eran desconocidos para mí había unos pocos que están actualmente aquí. Son los que no se presentan nunca a don Bosco; los que no acuden jamás a pedirle un consejo; los que, por el contrario, huyen de él; en una palabra: los jóvenes a los cuales don Bosco aún no conoce... Pero la inmensa mayoría de los desconocidos estaba integrada por los que no están ni han estado en el Oratorio.

Mientras observaba con pena aquella multitud, el que me acompañaba me tomó de la mano y me dijo:

– Ven conmigo y verás otras cosas.

Y así diciendo me condujo a un extremo apartado del valle rodeado de pequeñas colinas y cercado de un vallado de plantas esbeltas, en el cual había un gran prado cubierto de verdor, lo más riente que imaginarse puede y embalsamado por multitud de plantas aromáticas, esmaltado de flores silvestres y en el que, además, se descubrían frescos bosquecillos y corrientes de agua límpida. En él me encontré con una gran multitud de chicos, todos alegres, dedicados a formar un hermosísimo vestido con flores del prado.

– Al menos, tienes a éstos que te proporcionan grandes consuelos.

– ¿Quiénes son?, pregunté.

– Son los que están en gracia de Dios.

¡Ah! Os puedo asegurar que jamás vi criaturas tan bellas y resplandecientes y que nunca habría podido imaginar tanta hermosura. Sería imposible que me pusiese a describirlo, pues sería echar a perder lo que no se puede imaginar si no se ve.

Pero me estaba reservado un espectáculo aún más sorprendente. Mientras estaba yo contemplando con inmenso placer a aquellos jóvenes, entre los que había muchos a los cuales no conocía, el guía me dijo:

– Ven, ven conmigo y te haré ver algo que te proporcionará una alegría y un consuelo aún mayor.

Y me condujo a otro prado todo esmaltado de flores más bellas y olorosas que las que había visto anteriormente. Parecía un jardín regio. En él pude ver un número menor de jóvenes que en el prado anterior, pero de una tan extraordinaria belleza y de un esplendor tal que anulaban por completo a los que había admirado poco antes. Algunos de éstos están en el Oratorio, otros lo estarán con el tiempo.

Entonces el pastor me dijo:

– Estos son los que conservan la bella azucena de la pureza. Estos están revestidos aún con la estola de la inocencia.

Yo contemplaba extático aquel espectáculo. Casi todos llevaban en la cabeza una corona de flores de belleza indescriptible. Dichas flores estaban compuestas por otras florecillas de sorprendente gallardía y de colores tan vivos y variados que encantaban al que las miraba. Había más de mil colores en una sola flor y en cada flor se veían más de mil flores.

Hasta los pies de aquellos jóvenes descendía una vestidura de fascinante blancura, entretejida de guirnaldas de flores, semejantes a las que formaban la corona.

La luz encantadora que partía de las flores iluminaba toda la persona haciendo reflejar en ella la propia belleza. Las flores se espejaban unas en otras y las de las coronas en las que formaban las guirnaldas, reverberando cada una los rayos emitidos por las otras. Un rayo de un color al encontrarse con otro de distinto color daba origen a nuevos rayos, diversos entre sí y, por consiguiente, cada nuevo rayo producía otros distintos, de manera que yo jamás habría creído que en el paraíso hubiese un espectáculo tan múltiple y encantador. Pero esto no es todo. Los rayos de las flores y de las coronas de unos jóvenes se reflejaban en las flores y en los de las coronas de todos los demás; lo mismo sucedía con las guirnaldas y con las vestiduras de cada uno. Además, el resplandor del rostro de un joven al expandirse, se fundía con el resplandor del rostro de los compañeros y al reverberar sobre aquellas facciones inocentes y redondas, producían tanta luz que deslumbraban la vista e impedían fijar los ojos en ellas.

Y así, en uno solo, se concentraban las bellezas de todos los compañeros con una armonía de luz inefable. Era la gloria accidental de los santos. No hay imagen humana capaz de dar una idea, aunque pálida, de la belleza que adquiría cada uno de aquellos jóvenes, en medio de un océano de esplendor tan grande.

Entre ellos pude ver a algunos que se encuentran actualmente en el Oratorio y estoy seguro de que si pudiesen apreciar, aunque sólo fuese la décima parte de la hermosura de que los vi revestidos, estarían dispuestos a sufrir el tormento del fuego, a dejarse descuartizar, a afrontar el más cruel de los martirios, antes que perderla.

Apenas pude reaccionar un poco, después de haber contemplado semejante espectáculo, me volví a mi guía y le dije:

– Pero ¿en tan crecido número de mis jóvenes, son tan pocos los inocentes? ¿Tan contados son los que nunca han perdido la gracia de Dios?

El pastor respondió:

– ¿Cómo? ¿Te parece pequeño su número? Por otra parte, ten presente que los que han tenido la desgracia de perder el hermoso lirio de la pureza, y, por tanto, la inocencia, pueden seguir a sus compañeros por el camino de la penitencia. ¿Ves allá? En aquel prado hay muchas flores; con ellas pueden tejer una corona y una vestidura hermosísima y seguir también a los inocentes en la gloria.

– Dime algo más que yo pueda comunicar a mis jóvenes, añadí entonces.

– Repíteles que si supiesen cuán bella y preciosa es a los ojos de Dios la inocencia y la pureza, estarían dispuestos a hacer cualquier sacrificio para conservarla. O diles que se animen a cultivar esta bella virtud, la cual supera a las demás en hermosura y esplendor. Por algo los castos son los que *crescunt tanquam lilia in conspectu Domini* (crecen como lirios a los ojos del Señor).

Yo quise entonces introducirme en medio de aquellos mis queridos hijos tan bellamente coronados, pero tropecé al andar y me desperté encontrándome en la cama.

Hijos míos: ¿sois todos inocentes? Tal vez entre vosotros hay algunos que lo son y a ellos van dirigidas estas mis palabras. Por caridad: no perdáis un tesoro de tan inestimable valor. ¡La inocencia es algo que vale tanto como el Paraíso, como el mismo Dios! ¡Si hubieseis podido admirar la belleza de aquellos jovencitos recubiertos de flores! El conjunto de aquel espectáculo era tal, que yo habría dado cualquier cosa por seguir gozando de él, y si fuese pintor, consideraría como una gracia grande el poder plasmar en el lienzo, de alguna manera, lo que vi.

Si conocieseis la belleza de un inocente, os someteríais a las pruebas más penosas, incluso a la misma muerte, con tal de conservar el tesoro de la inocencia.

El número de los que habían recuperado la gracia, aunque me produjo un gran consuelo, creí, con todo, que sería mayor. También me maravillé de ver a alguno que aquí parece bueno y en el sueño tenía unos cuernos muy grandes y muy gruesos...

Don Bosco terminó haciendo una cálida exhortación a los que habían perdido la inocencia para que se empeñasen voluntariosamente en recuperar la gracia por medio de la penitencia.

Dos días después, el 18 de junio, el siervo de Dios subía a su tribuna y daba algunas nuevas explicaciones del sueño.

No sería necesaria explicación alguna respecto al sueño, pero volveré a repetir lo que ya os dije. La gran llanura es el mundo, y los distintos parajes y el estado al que fueron llamados aquí todos nuestros jóvenes. El rincón donde estaban los corderos es el Oratorio. Los corderos son todos los jóvenes que estuvieron, están y estarán en el Oratorio. Los tres prados de esta zona, el árido, el verde y el florido, indican los estados de pecado, de gracia y de inocencia. Los cuernos de los corderos son los escándalos dados en el pasado. Había, además, quienes tenían los cuernos rotos, o sea los que fueron escandalosos y después se enmendaron por completo. Todas aquellas cifras que representaban el número 3, y que se veían grabadas en las distintas partes del cuerpo de cada cordero, simbolizan, según me dijo el pastor, tres castigos que Dios enviará a los jóvenes: 1.° Carestía de auxilios espirituales. 2.° Carestía moral, o sea, falta de instrucción religiosa y de la palabra de

Dios. 3.° Carestía material, o sea, carencia incluso del alimento.

Los jóvenes resplandecientes son los que se encuentran en gracia de Dios y, sobre todo, los que conservan la inocencia bautismal y la bella virtud de la pureza. ¡Qué gloria tan grande les espera a los tales!

Entreguémonos, pues, queridos jóvenes, con el mayor entusiasmo a la práctica de la virtud. El que no esté en gracia de Dios, que la adquiera y después emplee todos los medios necesarios y la ayuda de Dios para conservarse en ella hasta la muerte; pues, si es cierto que no todos podemos estar en compañía de los inocentes y formar corona a Jesús, Cordero Inmaculado, al menos podemos seguir detrás de ellos.

Uno de vosotros me preguntó si estaba entre los inocentes y yo le dije que no, que tenía los cuernos rotos. Me preguntó también si tenía llagas y le dije que sí.

– ¿Y qué significan esas llagas?, me preguntó.

Yo le respondí:

– No temas. Tus llagas están ya casi cicatrizadas y desaparecerán con el tiempo; tales llagas no son deshonrosas, como no lo son las cicatrices de un combatiente, el cual, a pesar de las heridas y de los ataques del enemigo, supo vencer y conseguir la victoria. ¡Por tanto, son cicatrices gloriosas! Pero aún es más honroso combatir en medio del enemigo sin ser herido. La incolumidad del que lo consigue es causa de admiración para todos.

Explicando este sueño, don Bosco dijo también que no pasaría mucho tiempo sin que se dejasen sentir estos tres males;

– Peste, hambre y también falta de medios para hacer bien a las almas.

Añadió que no pasarían tres meses sin que sucediese algo de particular.

Este sueño produjo en los jóvenes la impresión y los frutos que había conseguido otras muchas veces con relatos semejantes".

Animales de la impureza

"Estaba deseoso de conocer los efectos de la templanza[10] y de la intemperancia y con este pensamiento me fui a dormir; pero he aquí que, apenas me quedé dormido, apareció de nuevo nuestro personaje invitándome a seguirlo y a ver los efectos de la templanza. Me condujo, pues, a un amenísimo jardín, lleno de delicias y de flores de todo género y especie. En él observé una gran cantidad de rosas, las más espléndidas, símbolo de la caridad; jazmines, claveles, lirios, violetas, siemprevivas, girasoles y un sinnúmero de flores representando, cada una, una virtud.

– Ahora, presta atención, me dijo el guía.

Y desapareció el jardín y sentí un fuerte ruido.

– ¿Qué sucede? ¿De dónde viene ese ruido?

– Vuélvete y observa.

Me volví, y un espectáculo inaudito: un carro de forma cuadrada tirado por un cerdo y por un sapo de enorme tamaño.

– Acércate y mira dentro.

Me adelanté para examinar el contenido del carro. Estaba lleno hasta rebosar de los animales más asquerosos: cuervos, serpientes, escorpiones, basiliscos, babosas, murciélagos, cocodrilos y salamandras. Yo no pude soportar aquel espectáculo y mientras, horrorizado, volví la mirada, por el mal olor que despedían todos aquellos bichos asquerosísimos, sentí como un estremecimiento y me desperté, percibiendo aún durante un buen espacio de tiempo aquel mismo hedor; mi imaginación seguía tan turbada por cuanto había visto, que, pareciéndome que

---

[10] Don Lemoyne, *Memorias biográficas*, Tomo 12.

todavía tenía delante de los ojos aquellas alimañas, no pude descansar en toda la noche.

Don Juan Bautista Lemoyne, atento únicamente al sueño, no se preocupó de escribir la segunda parte del sermón, que encontramos, por el contrario, resumida por don Julio Barberis de la siguiente manera:

Pasando ahora a dar algún recuerdo especial que sirva para este curso, he aquí cuál sería: buscar todos los medios para guardar la virtud reina, la virtud que guarda todas las otras; pues si la tenemos, nunca estará sola, sino que tendrá como cortejo a todas las demás; y si la perdemos, las otras no existen o se pierden al poco tiempo.

Amad esta virtud, amadla mucho y no olvidéis que para conservarla hay que trabajar y orar: *non eicitur nisi in oratione et ieiunio* (no se expulsan si no con oración y ayuno). Sí; oración y mortificación en las miradas, en el descanso, en la comida y especialísimamente en el vino, no buscar comodidades para nuestro cuerpo, antes al contrario, casi diría, maltratarlo. No tenerle más miramientos que los necesarios, cuando lo reclama la salud; entonces, sí; hay que dar al cuerpo lo estrictamente necesario y no más, porque dice el Espíritu Santo: *Corpus hoc quod corrumpitur aggravat animam* (este cuerpo se corrompe y daña el alma). ¿Sí? ¿Qué hacía entonces san Pablo? *Castigo corpus meum et in servitutem redigo, ut spiritui inserviat* (castigo mi cuerpo y lo someto a esclavitud).

Consejos desde el más allá para conservar la pureza

En uno de sus sueños[11], "le pareció a don Bosco tener ante sí un inmenso y encantador collado, cubierto de verdor, en suave pendiente y completamente llano. En las faldas del mismo, se formaba un escalón, más bien bajo, desde el cual se subía a la vereda donde estaba don Bosco. Aquello parecía el Paraíso terrenal iluminado por una luz

---

[11] Don Lemoyne, *Memorias biográficas*, Tomo 17.

más pura y más viva que la del sol. Estaba todo cubierto de verde hierba, esmaltada de multitud de bellas y variadas flores y sombreado por un ingente número de árboles que, entrelazando las ramas entre sí, las extendían a guisa de amplios festones.

En medio del vergel y hasta el límite del mismo, se extendía una alfombra de mágico candor, tan luciente que deslumbraba la vista. Tenía una longitud de muchas millas. Ofrecía toda la magnificencia de un regio estrado. Como ornato, sobre la franja que corría a lo largo de su borde, se veían varias inscripciones en caracteres dorados.

Por un lado se leía: *Beati immaculati qui ambulant in lege Domini* (bienaventurados los puros que andan por los caminos de la ley del Señor).

Y en el otro: *Non privabit bonis eos qui ambulant in innocentia* (no dejará sin bienes a los que viven en la inocencia).

En el tercer lado: *Non confundentur in tempore malo; in diebus famis saturabuntur* (no se sentirán confundidos en el tiempo de la adversidad y, en los días de hambre, serán saciados).

En el cuarto: *Novit Dominus dies immaculatorum et haereditas eorum in aeternum erit* (conoció el Señor los días de los inocentes y la herencia de ellos será eterna).

En las cuatro esquinas del estrado, en torno de un magnífico rosetón, se veían estas cuatro inscripciones:

Cum simplicibus sermocinatio ejus (su conversación será con los sencillos).

Proteget gradientes simpliciter (protege a los que suben con humildad).

Qui ambulant simpliciter, ambulant confidenter (los que caminan con sencillez, proceden confiadamente).

Voluntas eius in iis qui simpliciter ambulant (su voluntad se manifiesta a los que viven sencillamente).

En mitad del estrado, había esta última inscripción: *Qui ambulat simpliciter salvus erit* (el que procede con sencillez será salvo).

En el centro de la pradera, sobre el borde superior de aquella blanca alfombra, se levantaba un estandarte blanquísimo, sobre el cual se leía también escrito con caracteres de oro: *Fili mi, tu semper mecum es et omnia mea tua sunt* (hijo mío, tú siempre has estado conmigo y todo lo mío te pertenece).

Si don Bosco se sentía maravillado a la vista del jardín, más le llamaron la atención dos hermosas jovencitas, como de doce años, que estaban sentadas al borde de la alfombra donde el terreno formaba el escalón. Una celestial modestia se reflejaba en todo su gracioso continente. De sus ojos constantemente fijos en la altura, fluía no solamente una ingenua sencillez de paloma, sino que también brillaba en ellos la luz de un amor purísimo y de un gozo verdaderamente celestial. Sus frentes despejadas y serenas parecían el asiento del candor y de la sinceridad; sobre sus labios florecía una alegre y encantadora sonrisa. Los rasgos de sus rostros denotaban un corazón tierno y fervoroso. Los graciosos movimientos de la persona les comunicaba un aire tal de sobrehumana grandeza y de nobleza que contrastaba con su juventud.

Una vestidura blanca les bajaba hasta los pies, sobre la cual no se distinguía ni mancha, ni arruga y ni siquiera un granito de polvo. Tenían ceñidos los costados con una faja bordada de lirios, de violetas y de rosas. Un adorno semejante, en forma de collar, rodeaba su cuello compuesto de las mismas flores, pero de forma diversa. Como brazaletes llevaban en las muñecas un hacecillo de margaritas blancas.

Todos estos adornos y flores tenían formas y colores de una belleza imposible de describir. Todas las piedras más preciosas del mundo, engarzadas con la más exquisita de las artes, parecerían un poco de fango en su comparación.

Sus blanquísimas sandalias estaban adornadas con una cinta blanca de bordes dorados con una graciosa lazada en el centro. Blanco también, con pequeños hilos de oro, era el cordoncillo con que estaban atadas.

Su larga cabellera estaba sujeta con una corona que les ceñía la frente y era tan abundante que, al salir de la corona, formaba exuberantes bucles, cayendo después por la espalda a guisa de abundantes rizos.

Ambas habían comenzado un diálogo: unas veces alternaban en el hablar; otras, se hacían preguntas o bien prorrumpían en exclamaciones. A veces, las dos permanecían sentadas; otras, una estaba sentada y la otra de pie o bien paseaban. Pero nunca salían de la superficie de aquella blanca alfombra y jamás tocaban las hierbas ni las flores. Don Bosco, en su sueño, permanecía a manera de espectador. Ni él dirigió palabra alguna a las jovencitas ni las jovencitas a él, pues ni se dieron cuenta de su presencia; la una decía a la otra con suavísimo acento:

– ¿Qué es la inocencia? El estado afortunado de la gracia santificante, conservado merced a la constante y exacta observancia de la ley divina.

Y la otra doncella, con voz no menos dulce:

– La conservación de la pureza, de la inocencia, es fuente y origen de toda ciencia y de toda virtud.

Y la primera:

– ¡Qué brillo, qué gloria, qué esplendor de virtud, vivir bien entre los malos y, entre los malignos y malvados, conservar el candor de la inocencia y la pureza de las costumbres!

La segunda se puso de pie y, deteniéndose junto a la compañera:

– Bienaventurado el jovencito que no va detrás de los consejos de los impíos y no sigue el camino de los pecadores, sino que su complacencia es la ley del Señor, la cual medita día y noche. Y será como el árbol plantado a lo largo de las corrientes de las aguas de la gracia del Señor, el cual dará a su tiempo fruto copioso de buenas obras: aunque sople el viento, no caerán de él las hojas de las santas intenciones y del mérito y todo cuanto haga tendrá un próspero efecto y cada circunstancia de su vida cooperará a acrecentar su premio.

Y, así diciendo, señalaba los árboles del jardín, cargados de frutos bellísimos, que esparcían por el aire un perfume delicioso, mientras unos arroyuelos de aguas limpísimas que, unas veces, discurrían por dos orillas floridas, otras, caían formando pequeñas cascadas o formaban pequeños lagos y bañaban sus pies, con un murmullo que parecía el sonido misterioso de una música lejana.

La primera doncella replicó:

– Es como un lirio entre las espinas que Dios acoge en su jardín y, después, lo toma para ornamento de su corazón; y puede decir a su Señor: Mi Amado para mí y yo para mi Amado, pues se apacienta en medio de lirios.

Y, al decir esto, indicaba un gran número de lirios hermosísimos que alzaban su blanca corola entre las hierbas y las demás flores, mientras señalaba en la lejanía un altísimo valladar verde que rodeaba todo el jardín. Este valladar estaba todo cuajado de espinas y, detrás de él, vagaban unos monstruos asquerosos que intentaban penetrar en el jardín, pero se lo impedían las espinas del seto.

– ¡Es cierto! ¡Cuánta verdad encierran tus palabras!, añadió la segunda, ¡Bienaventurado el jovencito que sea hallado sin culpa! ¿Pero quién será el tal y qué alabanzas diremos en su honor? Pues ha obrado cosas admirables en su vida. Fue encontrado perfecto y tendrá la gloria eterna; pudo haber pecado y no pecó; hacer el mal y no lo hizo. Por esto, sus bienes han sido establecidos por el Señor y sus obras buenas serán celebradas por todas las congregaciones de los Santos.

– Y, en la tierra, ¡qué gloria les está reservada! Los llamará, les señalará un lugar en su santuario, los hará ministros de sus misterios y les dará un nombre sempiterno que jamás perecerá, concluyó la primera.

La segunda se puso de pie y exclamó:

– ¿Quién puede describir la belleza de un inocente? Su alma está espléndidamente vestida, como una de nosotras, adornada con la blanca estola del santo Bautismo. En su cuello, en sus brazos resplandecen gemas divinas, lleva en su dedo el anillo de la alianza con Dios. Camina velozmente en su viaje hacia la eternidad. Se abre delante de sus ojos un sendero sembrado de estrellas... Es tabernáculo viviente del Espíritu Santo. Con la sangre de Jesús que corre por sus venas y tiñe sus mejillas y sus labios, con la Santísima Trinidad en el corazón inmaculado, despide a su alrededor torrentes de luz que le revisten de un esplendor mayor que el del sol. Desde lo alto, llueven pétalos de flores celestes que llenan el aire. Todo el ambiente se puebla de las suaves armonías de los ángeles que hacen eco a sus plegarias. María Santísima está a su lado pronta a defenderla. El cielo está abierto para ella. Se ha convertido en espectáculo para las inmensas legiones de los Santos y de los Espíritus bienaventurados que le invitan agitando sus palmas. Dios, entre los inaccesibles fulgores de su trono de gloria, le señala con la diestra el lugar que le tiene destinado, mientras que, con la izquierda, sostiene la espléndida corona con que le ha de coronar para siempre. El inocente es el deseo, la alegría, el aplauso del Paraíso. Y, sobre su rostro, está esculpida una alegría inefable. Es hijo de Dios. Dios es su Padre. El Paraíso es su herencia. Está continuamente con Dios. Lo ve, lo ama, lo sirve, lo posee, lo goza, posee un rayo de las delicias celestiales; está en posesión de todos los tesoros, de todas las gracias, de todos los secretos, de todos los dones, de todas sus perfecciones y de Dios mismo.

– Por esto, se presenta tan gloriosa la inocencia en los Santos del Antiguo Testamento y en los del Nuevo, y especialmente en los Mártires. ¡Oh, Inocencia, cuán bella eres! Tentada, creces en perfección, humillada, te levantas más sublime; combatida, sales triunfante; sacrificada, vuelas a recibir la corona. Tú eres libre en la esclavitud, tranquila y segura en los peligros, alegre entre las cadenas. Los poderosos se inclinan ante ti, los príncipes te acogen, los grandes te buscan. Los buenos te obedecen, los malos te envidian, los rivales te emulan, los adversarios sucumben ante ti. Y tú saldrás siempre victoriosa, incluso cuando los hombres te condenen injustamente.

Las dos doncellas hicieron una pequeña pausa, como para tomar un poco de aliento después de haber desahogado tan encendidos anhelos, y luego se tomaron de la mano y se miraron una a otra.

– ¡Oh, si los jóvenes conociesen el precioso tesoro de la inocencia, cómo cuidarían, desde el principio de su vida, la estola del santo bautismo! Mas, por el contrario, no reflexionan, no piensan lo que quiere decir mancillarla. La inocencia es un licor preciosísimo.

– Pero está encerrado en un frágil vaso de barro y, si no se le lleva con cautela, se rompe con la mayor facilidad.

– La inocencia es una piedra preciosa.

– Pero no se conoce su valor, se pierde y fácilmente se la cambia por un objeto vil.

– La inocencia es un espejo de oro, que refleja la imagen de Dios.

– Pero basta un poco de aire húmedo para empañarlo y hay que conservarlo envuelto en un velo.

– La inocencia es un lirio.

– Pero el solo contacto de una mano poco delicada puede marchitarlo.

– La inocencia es una blanca vestidura. *Omni tempore sint vestimenta tua candida* (en todo tiempo estén tus vestidos limpios).

– Pero basta una sola mancha para hacerla perder su valor; por eso, es necesario caminar con mucha precaución.

– La inocencia queda violada, si es afeada por una sola mancha, y pierde el tesoro de su gracia.

– Basta un solo pecado mortal.

– Y, una vez perdida, queda perdida para siempre.

– ¡Qué desgracia la de tantas inocencias que se pierden cada día! Cuando un jovencito cae en el pecado, el Paraíso se le cierra; la Virgen Santísima y el Angel de la guarda desaparecen, cesan las músicas y se eclipsa la luz. Dios no está ya en su corazón, desaparece el camino de estrellas que antes recorría; cae y queda al momento solo como una isla en medio del mar, de un mar de fuego que se extiende hasta el extremo horizonte de la eternidad, abismándose hasta la profundidad del caos... Sobre su cabeza brillan en el cielo, amenazantes, los rayos de la divina justicia. Satanás se ha convertido en su compañero, lo ha cargado de cadenas, le ha puesto un pie en el cuello y, con el tridente levantado en alto, ha exclamado:

– ¡He vencido! Tu hijo es mi esclavo. Ya no te pertenece, para él se ha terminado la alegría.

Si la justicia de Dios le priva en aquel momento del único punto de apoyo con que cuenta, está perdido para siempre,

– ¡Y puede levantarse! La misericordia de Dios es infinita. Una buena confesión le puede devolver la gracia y el título de hijo de Dios.

– Pero la inocencia, jamás. ¡Y qué consecuencias se originarán del primer pecado! Conoce el mal que antes no conocía; sentirá terriblemente el influjo de las malas inclinaciones; con la deuda enorme que ha contraído con la divina justicia, se sentirá más débil en los combates espirituales. Sentirá lo que antes no sentía, los efectos de la vergüenza, de la tristeza, del remordimiento.

– Y pensar que antes se había dicho de él: Dejad que los niños se acerquen a Mí. Ellos serán como los ángeles de Dios en el cielo, Hijo mío, dame tu corazón.

– ¡Ah, qué delito tan espantoso cometen aquellos desgraciados que son culpables de que un niño pierda la inocencia! Jesús ha dicho: El que escandalizare a uno de estos pequeñuelos que creen en Mí, mejor le fuera que le atasen una piedra de molino al cuello y lo arrojasen a lo más profundo del mar. ¡Ay del mundo a causa de los escándalos! No es posible impedir los escándalos, pero ¡ay de aquellos que escandalizan! Guardaos de despreciar a uno de estos pequeños que creen en Mí, porque os aseguro que sus ángeles en el cielo ven perpetuamente el rostro de mi Padre e está en los cielos y piden venganza.

– ¡Desgraciados! Pero no menos infelices son los que se dejan robar la inocencia.

Y aquí las dos jovencitas comenzaron a pasear; el tema de su conversación era sobre cuál es el medio para conservar la inocencia.

Una decía:

– Es un gran error el de los jóvenes, al creer que la penitencia la debe practicar solamente quien ha pecado. La penitencia es también necesaria para conservar la inocencia. Si San Luis no hubiese hecho penitencia, habría caído sin duda en pecado mortal. Esto se debería predicar, inculcar, enseñar continuamente a los jóvenes. ¡Cuántos más numerosos serían los que conservarían la inocencia, mientras que ahora son tan pocos!

– Lo dice el Apóstol: Hemos de llevar siempre, por todas partes, en nuestro cuerpo, la mortificación de Jesucristo, a fin de que la vida de Jesús se manifieste en nosotros.

– Y Jesús, santo, inmaculado e inocente, pasó una vida de privaciones y dolores.

– Así también María y todos los Santos.

– Y fue para dar ejemplo a todos los jóvenes. Dice San Pablo: «Si vivís según la carne, moriréis; si, con el espíritu dais muerte a las acciones de la carne, viviréis».

– Por tanto, sin la penitencia no se puede conservar la inocencia.

– Y, con todo, muchos querrían conservar la inocencia, viviendo libremente.

– ¡Necios! ¿Acaso no está escrito: Fue arrebatado para que la malicia no alterase su espíritu y la seducción no indujese su alma a error? Mas la ofuscación de la vanidad oscurece el bien y el vértigo de la concupiscencia pervierte al alma inocente. Por tanto, dos enemigos tienen los inocentes: las máximas perversas y las malas conversaciones de los malvados y la concupiscencia. ¿No dice el Señor que la muerte en plena juventud es un premio que evita al inocente los combates? «Porque agradó al Señor, fue por El amado y, porque vivía entre los pecadores, fue llevado a otro lugar. Habiendo muerto en edad temprana, recorrió un largo camino. Porque Dios amaba su alma, lo sacó de en medio de la iniquidad. Fue arrebatado para que la malicia no alterase su espíritu y la seducción no indujese su alma a error».

– Afortunados los niños que abrazan la cruz de la penitencia y con firme propósito dicen con Job: *Donec deficiam, non recedam ab innocentia mea.* Hasta que muera no me apartaré del camino de la inocencia.

– Por tanto, mortificación para superar el fastidio que sienten en la oración.

– Está escrito: *Psallam et intelligam in via immaculata. Quando venies ad me? Petite et accipietis. Pater noster!* (cantaré y andaré por la vía inmaculada. ¿Cuándo vendrás a mí? Pedid y recibiréis. ¡Padre Nuestro!)

– Mortificación de la inteligencia mediante la humildad, obedecer a los Superiores y a los reglamentos,

– También está escrito: *Si mei non fuerint dominati, tunc immaculatus ero et emundabor a delicto máximo* (si no fuese dominado por mí, entonces estaré puro y limpio del mayor delito). Y esto es la soberbia. Dios resiste a los soberbios y da su gracia a los humildes. El que se humilla será exaltado y el que se exalta será humillado. Obedeced a vuestros Superiores.

– Mortificación en decir siempre la verdad, en manifestar los propios defectos y los peligros en los cuales puede uno encontrarse. Entonces recibirá siempre consejo, especialmente del confesor.

– *Pro anima tua, ne confundaris dicere verum* (por tu alma, no serás confundido por decir la verdad). Por amor de tu alma no tengas vergüenza de decir la verdad. Porque hay una vergüenza que trae consigo el pecado y hay otra vergüenza que trae consigo la gloria y la gracia.

– Mortificación del corazón, frenando sus movimientos desordenados, amando a todos por amor de Dios y apartándonos resueltamente de aquellos que pretenden mancillar nuestra inocencia.

– Lo ha dicho Jesús: Si tu mano o tu pie te sirven de escándalo, córtalos y arrójalos lejos de ti; es mejor para ti llegar a la vida, con una mano o con un pie de menos, que, con ambas manos o con ambos pies, ser precipitado al fuego eterno. Y si tu ojo te sirve de escándalo, sácatelo y arrójalo lejos de ti; es mejor entrar en la vida eterna, con un solo ojo, que con los dos ser arrojado al fuego del infierno.

– Mortificación en soportar valientemente y con franqueza las burlas del respeto humano. *Exacuerunt, ut gladium, linguas suas: intenderunt arcum, rem amaram, ut saggitent in occulis immaculatum* (habrán afilado, como espada, sus lenguas: habrán tensado su arco, cosa terrible, para disparar al puro en sus ojos).

– Y vencerán estas mofas malignas, temiendo ser descubiertos por los Superiores, pensando en las terribles palabras de Jesús: El que se avergonzare de Mí y de mis palabras, se avergonzará de él el Hijo del hombre, cuando venga con toda su majestad y con la del Padre y de los santos Ángeles.

– Mortificación de los ojos, al mirar, al leer, apartándose de toda lectura mala e inoportuna.

– Un punto esencial. He hecho pacto con mis ojos de no pensar ni siquiera en una virgen. Y en los salmos: Guarda tus ojos para que no vean la vanidad,

– Mortificación del oído y no escuchar malas conversaciones, palabras hirientes o impías.

– Se lee en el Eclesiástico: *Saepi aures tuas spinis, linguam nequam noli audire* (rodea tus oídos con espinas, no escuches su lengua malvada). Rodea con un seto de espinas tus oídos y no escuches la mala lengua.

– Mortificación en el hablar: no dejarse vencer por la curiosidad.

– También está escrito: Coloca una puerta y un candado a tu boca. Ten cuidado de no pecar con la lengua, para que no seas derribado a vista de los enemigos que te insidian y tu caída llegue a ser incurable y mortal.

– Mortificación del gusto: no comer, no beber demasiado.

– El demasiado comer y el demasiado beber fue causa del diluvio universal y del fuego sobre Sodoma y Gomorra y de los mil castigos que cayeron sobre el pueblo hebreo.

– Mortificarse, en suma, sufriendo cuanto nos sucede a lo largo del día, el frío, el calor y no buscar nuestras satisfacciones. Mortificad vuestros miembros terrenos, dice San Pablo.

– Recordad el dicho de Jesús: *Si quis vult post me venire, abneget semetipsum et tollat crucem suam quotidie et sequatur me* (quien quiera venir en pos de mí, que se niegue a sí mismo, cargue su cruz cada día y me siga).

– Dios mismo, con su próvida mano, rodea de espinas y de cruces a sus inocentes, como hizo con Job, con José, con Tobías y con otros Santos. *Quia acceptus eras Deo, necesse fuit ut tentatio probaret te* (porque eras agradable a Dios, fue necesario que te probara).

– El camino del inocente tiene sus pruebas, sus sacrificios, pero recibe fuerza en la Comunión, porque quien comulga frecuentemente tiene la vida eterna, está en Jesús y Jesús en él. Vive la misma vida de Jesús y Él lo resucitará en el último día. Es éste el trigo de los elegidos y el vino que engendra vírgenes. *Parasti in conspectu meo mensam adversus eos, qui tribulant me. Cadent a latere tuo mille et decem millia a dextris tuis, ad te autem non appropinquabunt* (preparaste ante mí un mesa contra los que me atormentan. Caerán a tu costado mil y a tu derecha diez mil, pero hacia ti no se acercarán).

– La Virgen Santísima a quien tanto ama es su Madre. *Ego mater pulchrae dilectionis et timoris et agnitionis et sanctae spei. In me gratia omnis* (para conocer) *viae et veritatis; in me omnis spes vitae et virtutis. Ego diligentes me diligo. Qui elucidant me, vitam aeternam habebunt. Terribilis ut castrorum acies ordinata* (yo soy la madre del amor hermoso, del temor, del conocimiento y de la santa esperanza. En mí toda la gracia del camino y la verdad; en mí toda la esperanza de vida y la virtud. Amo a los que me aman. Quienes me confiesen tendrán la vida eterna. Soy terrible como escuadra ordenada para la batalla).

Las dos doncellas se volvieron entonces y comenzaron a subir lentamente la pendiente.

Y la una exclamó:

– La salud de los justos viene del Señor. Él es su protector en el tiempo de la tribulación. El Señor los ayudará y los librará. El los librará de las manos de los pecadores y los salvará porque esperaron en El.

Y la otra prosiguió:

– Dios me dotó de fortaleza y el camino que recorro es inmaculado.

Al llegar ambas doncellas al centro de aquella alfombra, se volvieron.

– Sí, gritó una de ellas, la inocencia coronada por la penitencia es la reina de todas las virtudes.

Y la otra exclamó también:

– ¡Cuán gloriosa y bella es la generación de los castos! Su memoria es inmortal y admirable a los ojos de Dios y de los hombres. La gente la imita cuando está presente y la desea, cuando ha partido para el cielo, y, coronada, triunfa en la eternidad, después de vencer los combates de la castidad. ¡Y qué triunfo! ¡Qué gozo! Qué gloria al presentar a Dios, inmaculada, la estola del santo Bautismo, después de tantos combates entre los aplausos, los cánticos, el fulgor de los ejércitos celestiales.

Mientras hablaban de esta manera del premio reservado a la inocencia conservada mediante la penitencia, don Bosco vio aparecer legiones de ángeles que, bajando del cielo, se asentaban sobre el blanco tapiz. Y se unían a aquellas dos doncellas, conservando ellas el puesto del centro. Formaban una gran multitud que cantaba: *Benedictus Deus et Pater Domini Nostri Jesus Christi, qui benedixit nos in omni benedictione spirituali in coelestibus in Christo; qui elegit nos in ipso ante mundi constitutionem, ut essemus sancti et immaculati in conspectu eius in charitate et praedestinavit nos in adoptionem per Jesum Christum* (Bendito Dios y Padre de Nuestro Señor Jesucristo, que nos ha bendecido con toda clase de bendición espiritual en los cielos en Cristo; que nos eligió en Él antes de la constitución del mundo, para que fuésemos santos e inmaculados en su presencia por la caridad y nos predestinó en adopción por Jesucristo).

Las dos niñas se pusieron entonces a cantar un himno maravilloso, pero con tales palabras y tales notas, que sólo los ángeles que estaban más próximos al centro podían modular. Los otros también cantaban, pero don Bosco no podía oír sus voces, observando sólo los gestos y el movimiento de los labios al adaptar la boca al canto.

Las dos niñas cantaban: *Me propter innocentiam suscepisti et confirmasti me in conspectu tuo in aeternum. Benedictus Dominus Deus a saeculo et usque in saeculum; fiat, fiat!* (a causa de la inocencia me tomaste y confirmaste en tu presencia por los siglos. Bendito sea el Señor Dios por los siglos de los siglos).

Entretanto, a las primeras escuadras de ángeles se añadieron otras y otras. Su vestido era de varios colores y adornos, diversos los unos de los otros y especialmente diferente del de las doncellas. Pero la riqueza y magnificencia de los mismos era divina. La belleza de cada uno era tal que la mente humana no la podría concebir en manera alguna, ni formarse la más remota idea de ellos. El espectáculo que ofrecía esta escena era indescriptible; pero sólo a fuerza de añadir palabras a palabras, se podría explicar en cierta manera el concepto.

Terminado el canto de las dos niñas, entonaron todos juntos un himno inmenso y tan armonioso que jamás se oyó cosa igual ni se oirá sobre la tierra.

He aquí lo que cantaban: *Ei, qui potens est vos conservare sine peccato et constituere ante conspectum gloriae suae immaculatos in exultatione, in adventu Domini nostri Jesu Christi: Soli Deo Salvatori nostro, per Jesum Christum Dominum nostrum, gloria et magnificentia, imperium et potestas ante omne saeculum, et nunc et in omnia saecula saeculorum. Amen* (Quien es poderoso os conserva sin pecado y constituye en presencia de su gloria inmaculados con alegría, en la venida de Nuestro Señor

Jesucristo: sólo a Dios Nuestro Salvador, por Jesucristo Nuestro Señor, la gloria y la magnificencia, el imperio y el poder, ahora y por los siglos de los siglos. Amén).

Mientras cantaban, iban llegando nuevas escuadras de ángeles y, cuando el canto hubo terminado, poco a poco, todos se elevaron en el aire y desaparecieron al mismo tiempo que aquella visión.

Y don Bosco se despertó".

Conferencias de Don Bosco sobre la Bella Virtù

Las siguientes conferencias o sermones han sido pensadas en su mayoría, para los religiosos salesianos (seminaristas y sacerdotes); de todos modos, hay aquí un material exquisito para cualquiera que desee aprovecharse de él

Conferencia a los religiosos sobre la castidad

"Es la última de las que don Julio Barberis nos conservó por entero[12].

La dio don Bosco en la iglesia de San Francisco a todos los profesos, novicios y aspirantes del Oratorio, el día de la Ascensión, después de haber emitido los votos cinco de los presentes. Aquella ceremonia solía ir precedida, por entonces, de una breve lectura espiritual de la Imitación de Cristo. «En estas circunstancias, observa el cronista, ¡hay que ver cuánto bien producen las palabras de don Bosco y qué aptas resultan para despertar el espíritu religioso! Se ven siempre aspirantes indecisos que se resuelven; novicios dudosos o flojos para pedir los votos, profesos algo relajados en el fervor que se reaniman o se alegran, al ver cómo crece el número de compañeros. Don Bosco habló de esta manera:

Mis queridos hijos, estaba deseando hablar a mis queridos muchachos y especialmente a todos los pertenecientes a nuestra congregación, reunidos. Y hace mucho que no he podido hacerlo. Es cierto que, desde mi llegada, ya he podido hablar privadamente y largo y tendido con muchos, pero todavía no había tenido la satisfacción de veros a todos juntos. Esta tarde he tenido la suerte de hacerlo, con motivo de los que acaban de consagrarse a Dios con los votos perpetuos. Con la profesión damos un

---

[12] Don Lemoyne, *Memorias biográficas*, Tomo 13.

adiós al mundo, a sus placeres, a sus lisonjas, para merecernos el céntuplo en el cielo prometido por el Señor. Dado que hoy es el día de la Ascensión de Nuestro Señor Jesucristo, habría deseado entreteneros con el desasimiento de nosotros mismos de las cosas de esta tierra, puesto que la presente solemnidad nos presenta el tema. Jesucristo sube al cielo y nos dice: *Vado parare vobis regnum* (voy a prepararos el reino). Si tenemos un reino preparado en el cielo, deberemos tener por muy despreciables las cosas de esta tierra. Qué satisfacción para cada uno de nosotros poder decir:

– ¡Yo ya cuento con mi puesto reservado en el paraíso!

Si todos los cristianos pueden hablar así, ¡cuánto más nosotros, los religiosos, que, de un modo especialísimo, nos hemos consagrado o estamos para consagrarnos a su divino servicio! Sí, alegrémonos. Tú tendrás, hijo mío, el reino eterno que deseas; pero sé valiente: aparta tu corazón de las cosas de esta tierra y vuélvelo al cielo. *Ibi nostra fixa sint corda, ubi vera sunt gaudia* (allí nuestros corazones esté fijos, donde están las verdaderas alegrías). Nuestro corazón no esté en las cosas creadas, no se manche en las bajezas de esta tierra, sino que esté fijo en el cielo.

Tema precioso, como os decía, para tratar en la festividad de hoy; pero, como es demasiado amplio, quiero descender a algo más sencillo, más fácil y, digámoslo, más práctico. Una vez emitidos los votos, conviene que exponga algo práctico que facilite la observancia de los mismos. Este tema sirve para todos, para los que ya hicieron los primeros votos y para los que los acaban de emitir esta tarde, y sirve como de preparación para los que desean emitirlos más adelante. *Tomaremos por maestro al gran Santo, cuya fiesta celebraremos dentro de pocos días, a san Felipe Neri. Habiéndole preguntado cuál era para un religioso la virtud principal, con la que estuvieran enlazadas todas las demás, respondió:*

– *Conservar la castidad.* Conservada ésta, tendrá por compañeras todas las demás; perdida ésta, desaparecerán también las otras. Con esta virtud, el religioso alcanza su fin de estar totalmente consagrado a Dios.

Pero ¿cómo conservar la castidad? San Felipe acostumbraba sugerir cinco medios: tres negativos y dos positivos. Son los mismos que, esta tarde, voy a desarrollaros brevemente.

1.° En primer lugar, decía san Felipe: – ¡Huid de las malas compañías!

– ¿Pero cómo? ¿En el Oratorio tendré yo que aconsejaros la huida de las malas compañías? ¿Acaso hay entre nosotros malos compañeros? No quiero ni imaginarlo. Pero, mirad. Se llama mal compañero al que, de cualquier manera, puede ocasionar la ofensa de Dios. Sucede muchas veces que, hasta los que no son malos en el fondo de su corazón, se convierten, por otro lado, en peligro de la ofensa de Dios: y, por esto, hay que decir que un compañero es peligroso para otro. Se ven, a menudo, *ciertas amistades particulares*, ciertas inclinaciones hijas de la simpatía, que, si no son malas, es decir, si no sucede nada gravemente pecaminoso, y uno de los dos no es malo, resulta al menos relajado y no se quiere abandonar esta inclinación; pero se advierte que en ellos empieza a enfriarse la piedad, disminuye la devoción, la frecuencia de los sacramentos, el celo en el cumplimiento de los propios deberes; aumenta la negligencia en la observancia de ciertas reglas, la mayor libertad en la conversación; y poco a poco se ve que un compañero bueno, que ha amistado mucho con otro, encuentra en ello un obstáculo; y puede decirse que, aun siendo buenos los dos, el uno se convierte en obstáculo para el otro. Si los superiores no pusieran algún remedio, ambos se perderían. Estas amistades particulares o inclinaciones de simpatía producen daño, aunque no fuera más que porque van contra la obediencia: por esto, no se puede decir que sean buenas. La desobediencia, además, priva de la gracia especial de Dios y he aquí el motivo por el que resultan perjudiciales.

Alguno dirá para excusarse:

– ¡En nuestra casa, no hay compañeros malos!

– Pero yo os digo que puede muy bien haberlos. El pasado debe servirnos de maestro para el presente. El demonio cuenta con servidores en todas partes. Muchas veces se va adelante por largo tiempo y, después, uno advierte que fulano era todo un lobo rapaz, y esto solamente después de que la ruina de la grey fue bastante grande. Había varios con nosotros en años pasados, cuya apariencia era muy buena y ahora sólo Dios sabe lo que son. Lo que quiere decir, que éstos no eran realmente buenos, o, si lo eran, hubo quien, poquito a poco, los hizo malos. Estos, a decir verdad, y por una gracia especial de Dios, son pocos, pero los hay.

– ¡Todos son buenos!, repiten algunos.

Mas la experiencia, y no el corazón, debe amaestrarnos en ello. Y la experiencia nos enseña que, entre los apóstoles, hubo un Judas y, en las Órdenes religiosas más santas, siempre hubo escoria. ¿Y si apareciese algo de ello entre nosotros, un Judas, como suele decirse? ¡Ah, lejos, muy lejos de nosotros los compañeros peligrosos! Trátese, en cambio, con los buenos, los que van con gusto a visitar al Santísimo Sacramento, los que animan al bien: y nuestra amistad trate por igual a todo compañero con la misma caridad: pero húyase de los murmuradores, de los criticadores, de los que buscan eximirse de las prácticas de piedad, de los que quieren ser exclusivos en sus amistades.

Si tomamos todas estas precauciones, será muy difícil, por no decir imposible, que el demonio pueda robarnos la virtud de la castidad. ¡Ah, cómo, y con qué gusto se reiría el demonio, si ahora cayésemos nosotros en sus manos!

– ¿Diste un adiós al mundo? nos diría burlándose; ¿renunciaste a mí y a mis lisonjas? Mira, ahora de nuevo, a este nuestro religioso, que quería hacerme la guerra y, a pesar de sus propósitos, ha caído en la trampa, ¡sin ningún trabajo por mi parte!

2.° *Otra cosa que recomendaba san Felipe Neri para poder estar seguros en la virtud de la castidad, y no menos importante que la huida de las compañías peligrosas, es la **fuga del ocio**.*

– Ocio y castidad, decía, nunca pueden andar juntos.

El ocio es un vicio que arrastra consigo muchos otros. Es un ocioso el que no trabaja, el que piensa en cosas no necesarias, el que duerme sin necesidad. Cuando se ve a un compañero ocioso, hay que temer en seguida por él: su virtud no está segura. Tal es el que pierde tiempo en el estudio, mira a las musarañas, bosteza en clase, busca en seguida cómo apoyarse en la iglesia y en la oración, duerme durante el sermón, y su momento más deseado es cuando se acaban las funciones y las horas de estudio; y, a lo mejor, ni siquiera le gusta el tiempo de recreo.

¡Si no trabajáis vosotros, trabaja el demonio! El enemigo de las almas va dando vueltas siempre alrededor, buscando cómo hacernos daño y, si ve a uno desocupado, aprovecha inmediatamente la ocasión propicia para cumplir sus planes. Vuestra mente está allí fija sin pensar en nada; pero el demonio suscita inmediatamente imaginaciones de cosas vistas, oídas, leídas, sucedidas. ¿Se sigue estando ociosos? Estas imágenes se apoderan de la mente, trabajan sin cesar, no se resiste a ellas y la tentación triunfa. Aún hay mayor peligro cuando uno descansa más de lo necesario y, especialmente, cuando se tiene el capricho de descansar durante el día. Yo encuentro muy peligroso el descanso de después de comer; es típico de aquel demonio meridiano del que habla la Sagrada Escritura, el cual se insinúa hasta en las almas más buenas. Lo sabe el pobre rey David. Es un momento en el que el alma está menos preparada, y, en cambio, el cuerpo harto está en aquel momento más preparado. Entonces el demonio ocupa la imaginación, después el entendimiento, y, por fin, abre camino a la voluntad y he aquí que se deploran tristes caídas.

Estemos, pues, muy ocupados: es lícito leer, estudiar, cantar, reír y saltar; mas, por amor de Dios, que el demonio nos encuentre siempre ocupados porque multam malitiam docuit otiositas (la ociosidad enseñó mucha maldad). Trabajemos con todas nuestras fuerzas en el campo del Señor, ayudémonos unos a otros en este trabajo, animémonos con santo entusiasmo al servicio de Dios, armémonos de gran ardor para promover su gloria, de vivo celo para buscar todos los medios con los que sostener cualquier sacrificio por la salvación de las almas, y el demonio, al encontrarnos siempre ocupados, no podrá hacernos ningún daño. Hasta en el tiempo de recreo, andemos en guardia para no estar desocupados y cumplir en este tiempo nuestro deber, si estamos asistiendo, y vigilar a los muchachos, presidir sus juegos y tomar parte en ellos, observando que ninguno se aleje del patio; y, el que no es asistente, haga lo mismo, por cuanto le sea posible, y también para éste sea el recreo un verdadero descanso de la mente que disipe toda pena, preocupación, pensamiento molesto o peligroso.

– Pero ¡es que el cuerpo está cansado!

– Paciencia, ¡que lo esté! Procúrese solamente no oprimirlo con demasiado cansancio, de modo que pueda caer enfermo: y, por lo demás, trabaje, trabaje, pero consérvese la más hermosa de las virtudes.

3.° *No tratar con demasiada delicadeza el cuerpo*. *No quiere esto decir que no se le dé lo necesario, sino que no se busque satisfacer su gusto con los alimentos.* San Pedro apóstol advierte: *Fratres, sobrii estote et vigilate* (Hermanos, sed sobrios y vigilantes). Pone el *sobrii estote* aun antes del *vigilate* o del *fortes in fide* (fuertes en la fe); porque el que no es sobrio no puede vigilar, no puede ser fuerte en la fe, no puede vencer al que *circuit quaerens quem devoret* (da vueltas buscando a quién devorar). En cambio, el que es sobrio puede vigilar y ser fuerte y vencer al demonio. *Actúa contra este consejo el que se lamenta de la comida que presentan en la mesa: el pan no está bien cocido para él, la sopa no está bien hecha, el vino está aguado, la carne no es buena, el cocido resulta muy frugal o muy grasiento, quemado o sin hacer, el queso no sabe a nada, la leche está bautizada, etc.* El que desea buenos bocados, el que busca en ciertas ocasiones la manera de obtener esto o aquello, y, peor, el que guarda bebidas, golosinas, para satisfacer la gula, ése quiere alimentar demasiado delicadamente el cuerpo. ¡Ah! No busquemos delicadezas para nuestro cuerpo. Cómase lo que llega a la mesa, ya sea más o menos bueno, y sin lamentos. *Sólo hay que hacer excepciones cuando un determinado alimento es realmente nocivo para la salud. ¿Que nos gusta un plato? Bueno, diremos, aún queda otra cosa, comeré de ella: hagamos una mortificación por amor de Dios. ¿Que la sopa está caldosa? Pondré pan. ¿Que está salada? Pondré agua. ¿Que le falta sal? En la mesa está el salero. Y si una comida no gusta, comámosla igualmente; será algo agradable al Señor. De este modo brillará el* sobrii *("sobrios") del apóstol y frenaremos nuestro cuerpo.*

¿Y por qué buscáis alimentar también a este cuerpo? Dice el Espíritu Santo: *Corpus quod corrumpitur aggravat animam* (el cuerpo que se corrompe exaspera el alma). Decía un santo director de almas, que el cuerpo debe ayudar al alma a hacer el bien y debe servirle. El alma es la señora del cuerpo. Nuestro cuerpo ha de considerarse como un borrico de carga que debe llevar al alma, porque al dueño le corresponde ir montado. Pero ¡ay si este dueño deja demasiada libertad a su borrico! Cuando se alimenta demasiado al cuerpo, entonces pretende mandar él y, si le contenta en lo que pide, el alma queda debajo y sería querer obligar al dueño a llevar al borrico. El cuerpo en este caso deja de ser una ayuda para convertirse en un impedimento. No cometamos tal monstruosidad. Cada cosa guarde el lugar establecido por Dios.

Librémonos del mucho comer y especialmente del demasiado beber. Muchos jóvenes que eran aquí espejo de santidad, perdieron la vocación, por no haber empleado las debidas atenciones en esto, y ahora son piedra de escándalo para el prójimo en el mundo. Sepamos, pues, tener a este miserable cuerpo mortificado y no satisfecho y así no recalcitrará y viviremos tranquilos y felices en la paz de Dios.

Las tres cosas arriba señaladas son otros tantos medios negativos para conservar la castidad; esto es, son cosas que, si las evitamos, nos libran de los peligros de caer en ciertos pecados. San Felipe Neri añade todavía dos cosas que son los medios positivos, que, si se practican, colocan a la bella virtud sobre una base sólida; y son la oración y los santos sacramentos.

4.° La oración. *Con esta palabra se entiende toda suerte de plegaria, ya sea mental, ya sea vocal; las jaculatorias, las predicaciones, las lecturas espirituales.*

El que ora supera seguramente toda tentación por fuerte y vigorosa que sea; el que no ora, está en peligro próximo de caer. La oración debe ser para nosotros algo muy querido. Es como un arma, que debemos tener siempre preparada para defendernos en el momento de peligro. Yo recomiendo esta oración especialmente por la noche cuando se va a dormir. Es uno de los momentos más peligrosos para la bella virtud. Cuando uno no puede dormirse en seguida, el demonio suscita muchas imaginaciones malas; trae el recuerdo de lo oído, visto y hecho durante el día. Para oponerse a los peligros de este demonio nocturno hay que empezar por hacer el silencio de la noche, rezar las oraciones: déjese de pasear bajo los pórticos o por el patio. El que no se duerma en seguida, recite alguna oración, repita alguna jaculatoria: los sacerdotes digan algunas de aquellas bellísimas oraciones del oficio: *Salva nos, Domine, vigilantes, custodi nos dormientes, ut vigilemus cum Christo et requiescamus in pace... Visita, quaesumus, Domine, habitationem istam et omnes insidias inimici ab ea longe repelle* (Sálvanos, Señor, vigilantes, guárdanos mientras dormimos, para que vigilemos con Cristo y descansemos en paz... Visita, Señor, esta habitación y aleja de ella las insidias del enemigo); recítese el *Miserere*, el *De profundis* o cualquier otro salmo, las letanías de la Virgen, y, rezando así, nos dormiremos en el Señor. Y, si acostumbramos a dormirnos en seguida, armémonos preventivamente, haciendo la señal de la cruz.

¿Hay quien se despierta de noche? Rece, bese el crucifijo o la medalla, especialmente la de María Auxiliadora que os recomiendo llevar al cuello. En estas circunstancias, se ve constantemente que el que ora vence y el que no ora, cae en el pecado. Creo que cada uno deberá decirse a sí mismo: mientras recé, no caí; empecé a ir mal, cuando dejé de rezar. ¡Oh! Hagamos también nosotros la oración que José, llamado precisamente el casto, hizo, cuando la mujer de Putifar quería arrastrarlo al mal.

– ¿Cómo puedo yo hacer este mal en presencia de mi Dios? ¿No sabemos que Dios nos ve? ¿Cómo nos atreveremos a hacer un pecado tan grande en su presencia?

José conocía muy bien las graves consecuencias que le sobrevendrían después de aquella negativa; sabía que se le llevaría a la cárcel y se vería, quizás, condenado a muerte, porque aquella poderosa y malvada mujer le había calumniado criminalmente; pero el pensamiento de que Dios está presente y ve todas nuestras acciones, no le permitió desviarse del sendero de la virtud. Hagamos también nosotros esta oración, renovemos con frecuencia este pensamiento en nuestra mente y se apartará de nosotros el deseo de pecar. Hay que pensar, además, que somos criaturas, imágenes de Dios; que el Señor es nuestro Dueño, que ve toda acción, todo pensamiento; que somos cristianos católicos, es decir, seguidores declarados de Jesucristo y que los sacramentos han santificado nuestro cuerpo; que somos religiosos y, por tanto, estamos ligados al Señor con doble vínculo; que somos sus ministros y, por consiguiente, estamos unidos de un modo especialísimo a su santo e inmaculado servicio, que requiere toda santidad.

Pensemos que Dios es nuestro juez y, cuando seamos tentados, digamos:

– ¿Cómo me atreveré a disgustar a un Dios tan bueno, que siempre me ha favorecido y me ha de juzgar?

– ¡Ah, sí! Estemos dispuestos a mortificarnos en todo, aunque sea lícito, antes que ofender a Dios. Una cosa que yo aconsejo mucho es besar la medalla de María Auxiliadora y repetir la jaculatoria: *Maria, Auxilium Christianorum, ora pro nobis* (María, Auxilio de los cristianos, ruega por nosotros); jaculatoria muy oportuna y provechosa para toda ocasión. Por todas partes se aprecian los efectos extraordinarios producidos con esta confianza en María Auxiliadora. Pero estad seguros de que, si la Virgen ayuda a todos, se cuida de un modo particularísimo de nosotros, sus hijos predilectos, y si la invocamos, ciertamente no dejará de acudir en nuestro auxilio en los momentos oportunos.

5.° *Lo último, que os recomiendo mucho, es la* **frecuencia de los santos sacramentos.**

No necesito hablar largo tiempo de ello, porque nuestras reglas establecen esta frecuencia. Sólo aconsejo que se hagan *muchas comuniones y todas muy fervorosas, es decir, con devoción y recogimiento.* Sin embargo, respecto a la confesión, tengo un consejo que daros. Se conoce si una planta es buena o no por sus frutos; así podemos conocer la naturaleza de nuestras confesiones, por el fruto que de ellas se saca. Algunos van a confesarse siempre de las mismas faltas. ¿Qué indica esto? Que no es buena la confesión de la que no se saca fruto. Es así. Cuando se hacen confesiones tras las cuales no hay mejoría, es muy de temer que no sean buenas, y que sin ser malas resulten nulas. Esto indica que no se hizo el propósito, o no se preocupó de ponerlo en práctica. Se diría que, a veces, va uno a confesarse por ceremonia y que se quiere burlar del Señor. Así, pues, recomiendo mucho que todos procuren excitarse en sus confesiones a un verdadero y gran dolor de los pecados cometidos y, después, se piense, de tanto en tanto, en los frutos de las confesiones pasadas. Hagamos propósitos firmes y duraderos. Piénsese, de una vez seriamente, en ser moderados en la bebida, en la comida, en el recreo, en disminuir las murmuraciones, en ser comedidos en el hablar, en razonar siempre de cosas útiles, en ser más devotos en la iglesia, más aplicados, más diligentes a la hora de levantarse; en mortificar un poco más los ojos en el Oratorio, y especialmente fuera de él, en mortificar la gula; en suma, en hacer cualquier esfuerzo para mejorar realmente nuestra conducta. De otro modo siempre se irá adelante con las mismas faltas; y, así como *qui spernit modica, paulatim decidet* (el que desprecia las cosas pequeñas, poco a poco caerá), así nosotros nos ponemos en peligro evidente de condenarnos, dado que por naturaleza ya somos proclives al mal. Si no se hacen verdaderos esfuerzos, se disminuye siempre en la virtud, en el ánimo, en la oración, y en el aborrecimiento al pecado.

Por el contrario, mirad qué satisfacción. El que, poco a poco, aprovecha las gracias del Señor, va siempre creciendo en virtud y, casi insensiblemente, va de *virtute in virtutem, donec videbitur Deus Deorum in Sion* (de virtud en virtud hasta ver al Dios de los Dioses en Sión). Recordad también este pensamiento de san Gregorio Magno, que sirve para todos y especialmente para nosotros los religiosos, que *non progredi, regredi est* (el no adelantar, es dar un paso atrás).

No hay que contentarse con asistir a las prácticas ordinarias de piedad y tomar parte en ellas del mejor modo posible, sino que además debemos encomendarnos durante el día al Señor y a María Santísima. Invoquemos a María con la jaculatoria *Auxilium Christianorum, ora pro nobis*, que, en muchísimos casos, ha resultado eficacísima. Y así conservaremos la virtud de la castidad, madre de todas las virtudes, y virtud angélica".

La mortificación de los sentidos

"Cuando uno se consagra al Señor[13], hace donación de todas sus pasiones y de una manera particular le ofrece todas sus virtudes. Pero no siempre pueden mantenerse éstas dentro de los debidos límites, ni se pueden guardar fácilmente, sobre todo la virtud de la castidad, que es el centro en el que se fundan, se basan y reúnen todas las demás.

No he venido con la intención de pintaros las bellezas de esta virtud: que no bastarían muchas y muy largas conferencias durante años enteros, ni miles de volúmenes, por muy gruesos que fuesen, para citar todos los ejemplos que de ella se encuentran en el Nuevo y en el Antiguo Testamento, y para contar los innumerables milagros que hizo el Señor para conservarla en sus devotos.

Tampoco quiero hablaros del ayuno, de la abstinencia de un alimento más bien que de otro, en conclusión, de *la mortificación de los sentidos*, que ayuda no poco a la conservación de esta virtud y a fortalecer el espíritu.

No; todo eso lo leeréis en los libros de los santos y se os irá exponiendo en las diversas conferencias, que se os dan. Pero vosotros diréis:

– ¡Aquí tenemos a don Bosco! Ha venido para hablar a sus clérigos en particular; él los quiere como a las niñas de sus ojos y ¿qué nos dirá de bueno?

Pues os diré que la castidad es la joya, la perla más preciosa, especialmente para un sacerdote y, por consiguiente, para un clérigo, que ha consagrado su vida, su virginidad al Señor. Ahora, en la situación en que os encontráis, necesitáis conocer ciertas cositas, que ayudan sumamente a conservar una virtud tan bella, sin la cual un sacerdote o un clérigo no es nada; y, en cambio, con ella un sacerdote, un clérigo lo es todo y tiene en sus manos todos los tesoros.

---

[13] Don Lemoyne, *Memorias biográficas*, tomo 12.

Vamos, pues, a hablar de estas cositas tan ventajosas y fáciles. ¿Cuáles son? Las iremos exponiendo un poquito y veréis su gran utilidad.

1.° Empiezo por decir que ayuda mucho a conservar la virtud de la castidad la exacta observancia de los propios deberes. No me refiero precisamente al estudio, a las asistencias, a la catequesis y a los demás cargos particulares de cada uno, sino *a que se haga todo cuanto prescriben las reglas, esto es, que haya puntualidad en todo.* Puntualidad para ir al comedor, a la iglesia o al descanso.

2.° Asistir a los recreos y dedicarles el tiempo establecido. Cuidad, sin embargo, de que el recreo no sea una disipación, ni una murmuración contra una y otra regla, o bien contra un Superior, sino que sea un verdadero recreo, un descanso del ánimo y de la mente, que estuvieron ocupados toda la mañana en el estudio; terminado el recreo, también el cuerpo quedará aliviado, irá cada uno a cumplir su cometido, quién al estudio, quién a la meditación, quién a dar clase, etc.

Pero me diréis:

– ¿Qué tiene que ver el recreo con la virtud de la castidad?

Os diré que es un medio eficacísimo para guardarla. Vosotros necesariamente asistís a los muchachos, o tenéis que asistirlos. Os ocurrirá, a veces, que veréis a uno que goza de buena salud pero anda pensativo. No habla con nadie y, si se le pregunta algo, responde con palabras enredadas, cuyo sentido nadie comprende. Los instruidos y con carismas para conocer el corazón humano, penetran en sus más recónditas entretelas, se dan cuenta de que por aquella mente vagan pensamientos no castos; entienden que, si aquel muchacho no es cuidadosamente vigilado, es capaz de ir a meterse en cualquier escondrijo para leer allí libros obscenos; comprenden que en él corre muchísimo peligro la castidad.

¿De dónde procede esto? Del ocio en el recreo. Al quedarse parado allí solo, su mente empezó a fabricar ciertos castillos, en los que poco o nada había pensado hasta entonces; y, a fuerza de vueltas vino la complacencia, después el deleite, y del deleite a la obra no hay más que un paso. *San Felipe Neri,* que conocía a fondo esta virtud, decía a los muchachos:

– *Gritad, alborotad cuanto queráis, pero no cometáis pecados.*

Por eso los muchachos cumplían muy bien este aviso.

Pero, a veces, el frailecillo encargado de la limpieza salía de su celda y al oír aquel ruido y contemplar aquel barullo por los corredores y ver que los muchachos revolvían y rompían todo, les gritaba:

– ¡Eh, bellacos! ¿Qué estáis haciendo? ¿No veis que lo rompéis todo, que lo estropeáis?

Pero los muchachos no le hacían el menor caso, le dejaban gritar a su antojo y seguían armando un ruido catastrófico. Tenían permiso del director, y eso les bastaba. El frailecito, al ver que aquella turba de chiquillos no quería obedecerle, fue a san Felipe Neri, e indignado le dijo:

– Es preciso que vaya usted a reñir a esos golfos. ¿No ve que van a hundir la casa?

Salió san Felipe Neri de su habitación, llamó a los muchachos y les dijo:

– ¡Ea, muchachos, escuchadme! Estaos quietos, si podéis. ¡Alborotad sin meter ruido!

Los muchachos se lanzaron a más clamorosas diversiones y el frailecito se retiró humillado y refunfuñando. Hubiera querido pegarles para impedir aquel vandalismo.

Pero san Felipe no se cansaba de avisar formalmente a sus hermanos, diciéndoles:

– *No permitáis nunca que los muchachos estén ociosos durante el tiempo de recreo.*

Eso mismo os digo yo a vosotros. Caminad, reíd, alborotad, que esto me agrada. No quiero decir que vayáis ahora a jugar al marro porque está el patio cubierto de nieve.

Dejando ya el recreo, seguid siendo puntuales en la observancia de cualquier otra regla.

Será la hora del estudio, por ejemplo. No lo dejéis nunca; es vuestro deber aprovechar todo el tiempo, hasta el último minuto, para ir adquiriendo nuevos conocimientos. Es la hora de la merienda, exhorto a que la tomen todos los que sientan necesidad; vendrá después la hora de ir a la iglesia; váyase a ella con devoción para dar buen ejemplo, y después, al estudio. En conclusión, cada cosa a su tiempo y bien.

¡Sobre todo observancia del reglamento del Oratorio!

3.º Y ¿basta esto? Sí, podría ser suficiente, si se guardara todo el horario con exactitud.

Una regla que siempre he recomendado, que la recomiendo, y siempre recomendaré, es ésta: que por la noche, después de las oraciones, hagáis lo posible para no entreteneros hablando con un compañero.

Después de las oraciones, váyase enseguida a descansar.

El que tenga la obligación de dar unos pasos más en el dormitorio para asistir, hágalo pero con discreción.

Si en aquel dormitorio hubiere un compañero asistente, no hay que quedarse nunca charlando.

Así, pues, uniformidad en todo, especialmente en el descanso.

Recuerdo que Virgilio, en el cuarto libro de las Geórgicas, dice que las abejas, en cuanto llega determinado momento, se ponen todas a trabajar y en otro momento fijo empiezan todas a descansar. Dice así: *Omnibus una quies, labor omnibus unus* (un solo descanso, un solo trabajo para todos).

Es preciso que esta regla se observe fielmente. No se puede decir aquí todo lo que sería menester; pero lo que puedo deciros, y debo decir, es que gran parte de los desórdenes de fecha reciente han sucedido por culpa de algunos, los cuales, descuidando esta regla, iban a charlar por la noche con otros; con escándalo de los mismos muchachos. Otros invitaban al compañero a beber en su celda. Y esto está severamente prohibido.

Cada uno debe estar en su propia celda y no dar ni un paso para ir a la del otro, salvo el caso de una gran necesidad.

Hubo quien escribió cartas e hizo proyectos en estas ocasiones, que, si bien no se oponían totalmente a la virtud de la castidad, constituían, sin embargo, una seria dificultad. Ocasionaron graves disgustos a don Bosco, y los que los ocasionaron se vieron obligados a salir de la Congregación. ¿Y por qué? Porque por la noche, en lugar de ir a acostarse, se quedaron charlando fuera de tiempo. De algunos solamente hubo sospechas, pero de otros se tuvieron pruebas ciertas. Perdieron el honor y tuvieron que marcharse del Oratorio, por no haber sabido guardar esta virtud.

4.° Hay otros que, además de acostarse tarde por la noche, se levantan tarde por la mañana.

– ¿A qué hora suena la campana?

– A las cinco y media.

– Pues bien, quiere esto decir que puedo dormir un cuarto de hora más. En otro cuarto de hora lo arreglo todo, me visto, me lavo y hago la cama...

¡Pero pasa el cuarto de hora!

– ¿Levantarme ahora? Vaya... no... cinco minutitos más. Cinco minutitos más o menos da igual.

Y así duerme, o mejor, se deja vencer por la pereza otros cinco minutos. Pero éstos pasan y tal vez ya han pasado más de diez y más de quince.

– ¿Qué hacer? ¡Ea, vamos!... He leído en Cicerón que a los aplicados les está permitido decir mentiras... y además, las mentiras no causan daño. Diré que no me encuentro bien.

– ¡Ay!, amigos míos, procediendo así, se da al cuerpo más de lo que le conviene.

Los que dan de comer a un potro, a un caballo: ¿qué le dan y cuánto? Preguntádselo y veréis lo que os contestan. Os dirán:

– Les damos un poco de heno y un poco de avena, es decir, lo necesario y no más; pues, de lo contrario, se encabritan, rompen el freno y no obedecen a nadie.

Lo mismo hemos de decir nosotros del cuerpo. *Sicut equus et mulus* (como caballo y mula), como el caballo o el asno y el mulo. Si le damos demasiado alimento, se pone terco y recalcitra. *Incrassatus, impinguatus recalcitravit* (engordado tiró coces).

El demonio *circuit quaerens quem devoret* (ronda buscando a quien devorar), da vueltas a nuestro alrededor buscando algún buen bocado donde hincar el diente y tragárselo. Y no solamente está el demonio meridiano, que asalta a los que quieren dormir la siesta, sino también el demonio matutino del que habla el libro de Tobías.

Este demonio aparta al alma de la oración. Cuando dos oran juntos, está con ellos el Señor, y el Cordero sin mancha recoge sus devotas oraciones y las presenta al eterno Padre, obteniendo gracias, consuelos y premios grandísimos. Por el contrario los que dan albergue a este demonio, se quedan por pereza en la cama, no participan, por consiguiente, en las prácticas de piedad, que hacen los demás, y sufren la gravísima pérdida de las gracias de Dios no recibidas.

Dan además al cuerpo una alimentación perjudicial, que los hace más perezosos y, quejándose casi siempre de carecer del descanso necesario, dan al demonio ocasión para tentarlos; por más que él no necesite que le proporcionen ocasiones, pues desgraciadamente sabe buscárselas aun sin sugestiones. ¿Y un perezoso podrá resistir estas tentaciones? ¿Podrá mantenerse firme en la castidad? ¡Ay! Os aseguro que es muy difícil; o, por lo menos, si resiste, os digo que se requiere un milagro de la gracia de Dios, que impida la caída en el pecado.

¿Pero, hace siempre el Señor estos milagros? ¡No, creedlo, no siempre los hace! Los hace cuando hay necesidad de ello, cuando uno no busca la ocasión, cuando ve que, sin un milagro, aquella alma no podrá salvarse de las garras del demonio.

Alguno me dirá:

– Yo siempre he vivido así y nunca he caído.

Y yo le contesto:

– ¿Nunca has caído en pensamientos, deseos, acciones impuras?

Si me contesta negativamente, le diré con claridad:

– Si me dices la verdad, el Señor ha obrado un gran milagro de gracia para mantenerte en pie.

No tengo tiempo para contaros ejemplos, aunque conozco una enorme cantidad de ellos; pero os referiré uno que, ayer por la tarde, me comunicó por carta uno que fue clérigo y que, por este motivo, salió del Oratorio.

Quería traerla aquí y leérosla; pero la he dejado sobre la mesa. Con todo os diré su contenido. Escribe así: «Una noche, después de las oraciones, recomendaba usted encarecidamente a los muchachos que se guardaran del demonio matutino, es decir, que no se quedaran bajo las mantas unos minutos más, después del toque de campana, para gozar de ese dulce rato en manos de la pereza.

¿No quise dar crédito a sus palabras, no quise seguir su consejo y decía para mis adentros:

– "¡Bah! Don Bosco recurre a estas mañas sólo para que nos levantemos puntuales".

¿Y por eso seguía siempre con mi acostumbrada vida perezosa. Pero, mientras tanto, en aquellos pocos minutos comenzó el demonio a levantarse él en mi lugar y, dando vueltas a mi alrededor, me presentaba una imaginación que no era mala, pero sí indecorosa; luego me metía en la cabeza un ligero pensamiento deshonesto, después este pensamiento se hacía más grande e impetuoso; surgía a continuación la complacencia, más tarde el consentimiento, y por fin la acción. Cuando salí del Oratorio anduve rodando de un seminario a otro, siempre atormentado por los mismos pensamientos, por el mismo demonio matutino, hasta que resolví poner en práctica su consejo. Comencé entonces a vivir más tranquilo. Cuando empecé a levantarme, luché bastante, pero al fin vencí, y el demonio quedó derrotado.

¡Ahora he perdido mi vocación y Dios sabe cómo me las arreglaré en este mundo! Puede servirse, don Bosco, de mi caso como ejemplo para aleccionar a sus clérigos; dígales, si quiere, mi nombre, pues creo que todavía están ahí algunos que me conocen; y dígales que las calamidades que me afligen, cayeron sobre mí por no haber sido diligente en levantarme de la cama al toque de la campana, para comenzar y pasar después santamente la jornada.

¡Cuántos dolorosos ejemplos como este podría contaros! Pero sigamos hablando de este demonio matutino, porque pueden sacarse muchas otras consecuencias de nuestro razonamiento y tener en cuenta todo lo que sucede, aunque poco honroso, a quien se deja dominar por esta triste pereza.

Nuestro perezoso joven, después de decir la ciceroniana mentira, por fin se levanta.

¡Pero cuántas cavilaciones necesita hacer antes de saltar de la cama!

Ya está vestido.

Mas, como no basta la primera falta, dice:

– Es la hora de ir a misa; pero, si voy a misa, no me queda tiempo para estudiar la lección. ¿Qué hacer? Iremos al estudio, y después, si queda tiempo iremos a misa.

Y va al estudio, donde sigue razonando:

– ¿Ir a misa mientras los otros van a desayunar? ¡Y yo siento apetito, tengo verdadera hambre!... ¡Ea, pues, dejaremos hoy de ir a la iglesia y rezaremos mejor mañana!

Se va a desayunar. Y he aquí que de repente topa con uno, que le dice:

– ¿Cómo estás?

– ¡Muy bien!

– ¿A dónde vas?

– A desayunar...

– ¿Y no oyes misa?

– ¿Qué quieres? Ya es tarde.

– Hoy es jueves, ¿no dice el reglamento que se comulgue los jueves?

– ¡Es verdad, pero ya no tengo tiempo! (mejor, me faltan las ganas), comulgaré mañana.

Pues bien, preguntad por la tarde a éste cómo ha pasado el día; y, si es sincero, os contestará ciertamente que lo ha pasado mal por haberlo emperezado con la pereza de la mañana.

5.º *Hoc genus daemoniorum non eicitur nisi in ieiunio et oratione* (no se echa esta clase de demonios sino con el ayuno y la oración). Atención; no creáis que quiero deciros que estos defectos no se vencen más que con el ayuno prolongado, ¡todo lo contrario! No os digo que ayunéis; lo que os recomiendo es la templanza.

Tened cuidado especial con el vino. El que se da para la comida y para la cena es apenas el necesario y no puede hacer ningún daño; es más, conviene que lo toméis; después de todo no es el "barbera" de Asti (vino de la zona). Pero grabad en vuestro corazón que vino y castidad nunca van de acuerdo juntos.

Se requiere templanza y, sin embargo, falta bastante en algunos.

Causa gran disgusto haber encontrado en las celdas o en los baúles de alguno botellas de licor o de vinos, frascos de aguardiente, pollos, pasteles y otros manjares. Queridos amigos, para desayunar tenéis pan y leche a discreción, como para quedar satisfechos. Para comer tenéis cuanto se necesita para la salud y el desarrollo corporal; y lo mismo se puede decir para cenar. No sé qué os pueda faltar. Comer a horas indebidas es propio de glotones, es cargar excesivamente el estómago. Después, caen enfermos y van a la enfermería. Se les pregunta:

– ¿Que tienes?

– Se quedan sin saber qué responder y dicen:

– No me siento bien... tengo el estómago...

– ¡Ya lo sé qué tienes estómago!; pero, ¿qué le has hecho?

– Siento mal, aquí en el fondo.

– Sí; le contestaría yo, si no hubieses comido demasiado y a deshora, no te sentirías mal, ni te verías obligado a ir a la enfermería.

Y recuerdo ahora un desorden sucedido en estos mismos días; creo que el que lo cometió ya no está entre vosotros. El hecho es que nuestro hombre, mientras todos los demás estaban descansando, se retiró a su celda e invitó a un compañero a merendar.

Se comieron un buen pollo y bebieron a placer; y, después de charlar hasta hartarse, se fueron a descansar con aquel peso en el estómago y con gran peligro de un ataque apoplético o cualquier otro terrible accidente.

No sé cómo iría la castidad en aquel trance; sólo afirmo que, si la guardaron intacta, fue por una gracia especial del Señor.

Y además está prohibido en absoluto llevar a nadie a la propia celda. Y cuando van, ¿dónde quedan la obediencia y las reglas? ¿Qué es de ellas?

6.º *Otra cosa, que no acarrea ningún bien a la castidad, es la amistad; no la amistad verdadera, fraterna, sino la amistad particular que inclina nuestro corazón hacia uno más que hacia otro.* Algunos, y no son pocos, atraídos por una prenda física o espiritual de un compañero, o de un subalterno, tienden a ganarse su amistad regalándole un vaso de vino, un pastel, un libro, una estampa u otra cosa.

De este modo se empiezan a cultivar amistades, que excluyen a los demás y preocupan la mente y la fantasía. Vienen después las miradas apasionadas, los apretones de manos, los besos; más adelante una cartita, un regalito: "dame este gusto, hazme esto otro, ven, vamos a tal lugar, a tal otro". Mientras tanto, los dos amigos se encuentran atrapados en el lazo sin darse cuenta.

Jóvenes de quienes años atrás había fundadas esperanzas de buen resultado, ahora ya no están en el Oratorio o, si están todavía, llevan una vida muy distinta de la de antes. Se les exhortó a dejarlo, a romper ciertas amistades particulares y no sabían explicarse el motivo de tales avisos; creían que no había ningún mal en ello; pero entretanto se apartaban cada día más de los otros compañeros, de los superiores y de Dios mismo.

Y éstos no son sucesos que haya que ir a buscarlos en la historia de la edad media; son hechos modernos, que sucedieron y suceden todavía. Yo podría hablaros de muchísimos, que se perdieron con estas amistades, predilecciones y relaciones particulares con los compañeros. Por eso os exhorto a ser amigos de todos o de ninguno.

Al salir del comedor, vais al recreo.

Os encontráis con un amigo o un alumno y os ponéis a pasear con él; muy bien.

Pero si llega otro, un segundo después, y luego otros más, tratad siempre a todos lo mismo que al primero.

No suceda nunca que estéis con uno, al que preferís porque es más aplicado y mejor, y tratéis a los demás de otra manera; hay que ser padre común en todo y para todos.

Yo mismo, os lo puedo decir sinceramente, no tengo ningún preferido en casa, y quiero igual al más distinguido entre vosotros que al más humilde aprendiz. Todos son hijos míos y para salvarlos daría mi misma vida; porque ellos son y deben ser todos, al decir de san Pablo, *gaudium meum et corona mea* (mi alegría y mi corona).

7.° *Otro medio para luchar contra este enemigo de la castidad, este demonio..., siento decirlo, pero, estando como estamos nosotros solos aquí, quiero daros un aviso que os será muy útil.*

Cuando se va a los retretes, hay que procurar alejarse enseguida después de usarlos, pues es allí donde el demonio comienza a asaltar, allí en el lugar más asqueroso.

Si uno se retira enseguida, gana mucho, porque se aparta de la ocasión de faltar a tan preciosa virtud; de lo contrario, el demonio trabaja, trabaja terriblemente contra quien se encuentra tan solo, empieza también la fantasía a trabajar y a veces puede traer funestísimas consecuencias.

Si antes se venció la intemperancia para guardar la bella virtud, o mejor, opusimos el *ieiunium* (ayuno) a la tentación, en este caso se debe ejercitar la *oratio* (oración).

8.° Por la noche tomad esta buena costumbre. Cuando estáis para meteros bajo las sábanas, rezad despacito una oración y veréis cómo el demonio ya no os tentará.

– Pero, dirá alguno, yo me duermo enseguida, tan pronto como estoy en la cama.

– ¡Dichoso tú! – le respondo yo. Esto es lo que yo quiero.

Otro me dirá:

– Yo, en cambio, a veces paso horas sin poder dormirme.

A éste le contestaré:

– Reza, reza siempre.

– No tengo ganas.

– Reza, esfuérzate, reza porque el Señor, al ver tanta humildad y confianza, te dará fuerza suficiente para resistir esas graves tentaciones y hará que salgas vencedor.

Hace tiempo vino a verme el profesor Garelli, hoy Delegado Provincial de Enseñanza; y me decía a este propósito:

– ¿Sabe usted cómo me las compongo, para que esa fea bestia del demonio nocturno, no me ataque?

– No, repuse; ¿cómo lo consigue?

– De una manera muy sencilla. Apenas me meto en la cama, empiezo a contar de uno a mil. He de confesar que la cifra máxima a que llego es cincuenta; más aún, no recuerdo haber llegado nunca a ella. Me duermo enseguida y, a la mañana siguiente, me despierto con la imaginación y la mente tranquilas.

Otros tienen la buena costumbre de repasar mentalmente antes de dormirse un canto de Dante, un trozo de Virgilio, la última lección explicada, o la del día siguiente estudiada aquella misma tarde. Yo apruebo esta costumbre, y alabo al que la tiene, porque así la imaginación se cansa, y la mente, cansada y vencida por el sueño, encuentra pronto su descanso.

Tendría muchas otras cosas que deciros sobre este tema, mas por ahora basta. Son avisos que os da familiarmente un padre que os quiere, y no como desde lo alto de una cátedra y ni siquiera como una conferencia".

Plática sobre la castidad y consejos para guardarla

"La castidad es la armadura del cristiano[14]; la obediencia y la pobreza son necesarias al que entra en religión, la castidad es la corona, el adorno.

Cuán necesaria sea esta virtud nos lo dice san Pablo: *Haec est voluntas Dei, santificatio vestra* (ésta es la voluntad de Dios, vuestra santificación). Explicando después cómo debe ser esta santificación, demuestra que es llegar a ser tan puros y castos como lo fue Jesucristo.

El mismo Jesucristo Nuestro Señor nos lo declara al no permitir que se tuviera de él la más pequeña sospecha en este aspecto. Para venir a este mundo escogió por madre a María Virgen y por padre legal a san José; su discípulo predilecto, lo fue por su pureza, a él confió su madre al morir; y se lo dio por hijo a su madre para que, al menos, tuviera en quién mirarse.

¡Cuántas señales de predilección dio a Juan! Le dejó descansar sobre su pecho, lo elevó a las más altas contemplaciones... ¿y qué vio Juan en el cielo rodeando a Cristo?

Una turba de jóvenes puros y vírgenes que cantaban un cántico que ningún otro sabía cantar.

Con esta virtud nosotros nos hacemos semejantes a los ángeles y, como Jesucristo nos dice, lo seremos un día; es más, dice san Juan Crisóstomo que superamos a los ángeles, pues ellos, por no tener cuerpo, no están sujetos a las tentaciones, a las que estamos expuestos nosotros.

---

[14] Don Lemoyne, *Memorias biográficas*, tomo 10.

Hay tres medios para conservar esta virtud: la guarda de los sentidos, la oración y los sacramentos, y la guarda del corazón.

1) Guarda de los sentidos

Guarda de los ojos: foedus pepigi cum oculis meis, ne quidem cogitarem... (hice pacto con mis ojos, para no pensar siquiera...), dice Job. ¿Qué tienen que ver los ojos con el pensamiento? Basta una ojeada para que se levanten llamaradas de mil antojos (el puente de los suspiros, los muchachos, cuando ven un juguete).

Guarda de la lengua; especialmente nosotros que hemos de tratar con jóvenes; una palabra equívoca puede ser suficiente para crear males inmensos en su alma.

Guarda de los oídos; no escuchar conversaciones malas, industriarse para que no las oigan los demás.

Guarda del tacto: nunca las manos encima de los otros.

Guarda del gusto: in vino luxuria, (en el vino está la lujuria); vientre lleno...

2) Oración

Dice el sabio que comprendió que no podía ser casto sino con la ayuda de Dios; de nada valen nuestros esfuerzos: *Nisi Dominus custodierit civitatem* (si el Señor no guarda la ciudad). Nuestro corazón es como una fortaleza; los sentidos, otros tantos enemigos...

Sacramentos: la Comunión es *vinum germinans vírgines,* (vino que hace brotar vírgenes). En la confesión se reciben los avisos, que más especialmente pueden hacer a nuestro caso. Digamos al confesor todo lo que se refiere a esta materia; mencionemos también las tentaciones con las necesarias precauciones; todo es resbaladizo en este terreno; en general, no hay parvedad de materia en las faltas que se cometan contra la pureza.

3) Guarda del corazón

Preservándolo de los afectos desmedidos aun con buenos compañeros; evítese la familiaridad excesiva porque es demasiado peligrosa...

¿Pero, no se podrá ser un poco más anchos y no tan reservados? No; es como quien se encuentra en la pendiente de un despeñadero; al bajar poco a poco por la pendiente para arrancar una flor en el borde del precipicio puede que vuelva otra vez arriba, pero hay mucho peligro de que se resbale un pie, o le dé vértigo. Encomendémonos a san Luis".

Sermón de San Juan Bosco sobre los mandamientos: "no fornicar"

PRIMERA PARTE

Non moecháberis (no fornicarás)[15].

"Ya en la ley antigua había sido prohibida toda acción que pudiese inducir al siempre execrable vicio de la deshonestidad. Pero llegado después el Hijo de Dios a la tierra para poner el último complemento a toda ley, no sólo confirmó lo que estaba escrito; sino que añadió que quienquiera que con ojo impuro y con corazón perverso, se hubiese permitido mirar a otro, ya era reo del mismo delito. *Dictum est antiquis, iba clamando, non moecháberis; ego autem dico vobis: quicumque viderit mulierem ad concupiscendam eam, iam moechatus est eam in corde suo* (Habéis oído que se dijo: No cometerás adulterio. Pues yo os digo: Todo el que mira a una mujer deseándola, ya cometió adulterio con ella en su corazón).

El apóstol Pablo, reflexionando profundamente en el rigor del precepto y en la fealdad de la materia prohibida, quiso que *ni siquiera fuese nombrada entre los cristianos*. ¡Pero oh, tiempos ya idos, oh costumbres desgraciadas las de nuestros días! Casi ya no hay conversación en la que este vicio no tenga lugar, no hay banquete donde la deshonestidad no ocupe el primer puesto; no hay calle,

---

[15] Don Lemoyne, *Memorias biográficas*, tomo 16.

plaza, campo ni pradera; no hay flor de honestidad, que no sea ensuciada con alguna obscenidad. ¿y qué se creen, pues, los tales? ¡¡Oh!! Los libertinos se defienden. ¿Acaso es un mal tan grande condimentar el recreo con una palabra picante, un poco libre? ¿Es un mal tan grande caer en naturales fragilidades, en conclusión, es un mal cometer... alguna sensualidad...? ¡Dios mío! ¿Que esto no es un gran mal? ¿Acaso el pecado es una acción indiferente? ¿Son quimeras las leyes divinas y humanas? ¿Vendrá a ser el Señor de todo bien autor del desorden, pervertidor de la natural equidad? ¡Qué excesos de osadía y temeridad! Pero, como quiera que los tales no creen en afirmaciones, sino que quieren razones, para quitar todo pretexto, les haré ver con más persuasivas razones que la deshonestidad es un gran mal. Verdad es que semejante argumento no es para ninguno de los presentes, a quienes hablo y, por el contrario, los que lo necesitarían marchan por caminos muy distintos de los que conducen a los sermones; pero, si no será de reproche y confusión para vosotros, os servirá cuando menos de cautela y preservativo.

No puede negarse que es un gran mal lo que mueve grandemente a Dios a la indignación y Él ha castigado gravemente; ahora bien, aunque Dios ha creado un lugar de suplicio eterno para los que, obstinados, quebrantan su santa ley, sin embargo, no quiso esperar hasta después de la muerte a hacer caer sobre los deshonestos los terribles rayos de su venganza; sino que quiso hacer esto aún en la vida presente. Y aquí me viene bien presentaros el funesto espectáculo, merced al cual fue castigado por vez primera tal infamia.

Corría el siglo XVII de la edad del mundo; todas las partes del globo entonces conocidas estaban pobladas por los hombres; los había buenos y, digámoslo, los había también malos; cuando unos comenzaron a conversar con los otros, a contemplarse, de ahí pasaron a las palabras, de las palabras a los roces, a invitaciones, a cadenas de pecados y excesos de libertinaje, afirma el sagrado texto que por todas partes, se cometían enormes delitos; ¿y cuáles? ¡Me horroriza decirlo! delitos de la carne; *omnis quippe caro corruperat viam suam* (toda carne, en efecto, había corrompido su vida). Callóse Dios mientras se cometieron todas las demás atrocidades; pero cuando vio tomar incremento al infame monstruo, del que hablamos, se sintió herido vivamente como por punzante espada; y poseído de pesar y de amargura, exclamó: Me arrepiento de haber creado al hombre: *me poenitet eum fecisse*. ¿Qué palabras son éstas? ¿Es que está Dios sujeto a cambios, al dolor, al arrepentimiento? Sí, exactamente; pues aunque Él es en Sí mismo inmutable, impasible, sin embargo, es tan grande la injuria que se le hace con el pecado de sensualidad que, a nuestra manera de entender, si fuese posible, movería al mismo Dios al arrepentimiento, le causaría amarguísimo dolor; lo cual, Dios no manifestó para los otros delitos, aun los más enormes: *de nullo peccato legitur dixisse Deum quod poenituit fecisse hominem nisi de peccato carnis* (de ningún pecado se lee que Dios se haya arrepentido de hacer al hombre si no por el pecado de la carne), son palabras del máximo doctor San Jerónimo. Por lo cual, ni la desobediencia de Adán, ni el fratricidio de Caín, ni las muchas prevaricaciones del pueblo de Israel, ni siquiera el deicidio, cometido de la manera más execrable e infame en la persona del Salvador, pudieron jamás hacer salir de la boca de Dios expresiones de tan vivo resentimiento: *de nullo peccato legitur dixisse Deum quod poenituit fecisse hominem nisi de peccato carnis*. Decidme ahora: ¿será un mal pequeño el que mueve a tal amargura a Dios hasta causarle el más vivo pesar, hasta dolerse de haber creado al hombre?

Y no sólo se resintió Dios con palabras; sino que llegó a los hechos, llegó al más terrible de los castigos, que jamás se oyó ni se oirá en los siglos venideros. Puesto que, dijo Dios cada vez más indignado, ya que el hombre se ha entregado a pecados tan nefandos, a acciones tan torpes, a tan feas suciedades, yo mismo haré sentir sobre él el peso de mi venganza. No por medio de la tierra, como sucedió a Nadab y Abihú que fueron tragados vivos entre llamas por ella, ni por medio de pestes o crueles mortandades o entregándolo al poder de despiadados que los traten duramente; no, yo mismo lo raeré de la tierra: *delebo hominem, quem creavi; a facie terrae* (exterminaré al hombre que he creado; de la faz de la tierra). Habría bastado, sin duda, que Dios hubiese quitado del mundo al pecador; pero, como si temiese que quedara todavía algún retoño de aquella gente inicua, quiso que todos, excepto la familia de Noé, hasta los justos e inocentes quedasen incluidos en el espantoso castigo; de suerte que grandes, pequeños, ancianos, jóvenes, niños; ricos soberbios, humildes y pobres, todos tuvieron que sucumbir en él: *delebo hominem..., ab homine usque ad animantia*; es más, los animales mismos, por haberles servido de instrumento para pecar y aun sólo por haber sido testigos de sus crímenes, todos del primero al último, de los cuadrúpedos hasta las aves, y de las aves hasta el más vil de los insectos, fueron exterminados, *a reptili usque ad volucres coeli* (los reptiles y hasta las aves del cielo); todos fueron exterminados de la tierra. ¿Pero de qué manera?

He aquí que se oscurece el cielo, densas nubes, negras tinieblas cubren toda la tierra; saetas, relámpagos y rayos rasgan el cielo, chocan y estallan; no se ve nada, todo son tinieblas y obscuridad; deshecha lluvia cae torrencialmente; las cataratas del cielo, roto todo equilibrio, descargan con furia impetuosa agua sobre la tierra; la tierra misma, toda revuelta, da libre salida a las fuentes que encierra en su seno, y juntándose mares y fuentes, cataratas y lluvias juntas, cubren toda la haz de la tierra; ¿y los hombres y los libertinos? ¿Y los deshonestos y sensuales, los que consideraban tales pecados como mal pequeño, dónde están? Todos pagan el castigo de sus torpes infamias; para lavarlas se requiere una descomunal lluvia de cuarenta días y cuarenta noches, y para que el hedor de sus culpas no se pudiese percibir, suben las aguas a desmesurada altura sobre sus cuerpos, hasta sobrepujar en quince codos las más altas cumbres de los montes. Y así anduvo todo el mundo náufrago durante más de ciento cincuenta días, en un diluvio universal, para lavar las inmundicias de las deshonestidades cometidas; de *nullo peccato legitur dixisse Deum quod poenituit fecisse hominem, nisi de peccato carnis* (de ningún pecado se lee que Dios se haya arrepentido de hacer al hombre si no por el pecado de la carne), *pro quo* (¡qué espantosas palabras!) *totum mundum diluvio delevit* (todo el mundo destruyó el diluvio). Así exclama San Jerónimo.

Cesó el diluvio, se repobló la tierra y no tardó en volver a pulular el abominable vicio ya extinguido. ¿Quedará, acaso, sin castigo? De ningún modo. Juró Dios que no volvería a cubrir de agua a todo el mundo con un diluvio universal, como si pensara ser increíble que volviesen los hombres a cometer tamaña iniquidad después de tan formidable castigo. Pues bien, este castigo ya no sería universal, pero mucho más tremendo que el primero.

Dirige el Señor su omnipotente mirada a las ciudades de Gomorra y Sodoma y otras próximas; las ve a todas prisioneras de las fealdades de la carne y, movido a indignación, y considerando como insuficiente castigo el agua, envía sobre ellas una lluvia de fuego. ¿Lluvia de fuego? Exactamente y, ¡qué lastimoso espectáculo!

Aprenda el libertino en él, qué gran mal es la deshonestidad. Nos dice el sagrado texto que salía el sol en el horizonte, cuando comenzaron a cubrirse sus resplandecientes rayos de oscuro velo y a extenderse por los aires espantosas tinieblas; pero quedó rasgada aquella horrenda obscuridad por un espantoso resplandor, del que salía y caía una nueva lluvia destructora, una lluvia de fuego. Globos de llamas y de ardiente azufre, haciendo estrépito y chirriando, caen con la rapidez del rayo, se abaten, arremeten con ímpetu contra aquellas ciudades pecadoras y sobre los campos que las rodean; arden en las ciudades todas las plazas, calles y casas; arden los campos, se levantan altas llamaradas, se abrasan y reducen a cenizas los trigales, las yerbas, las plantas y todo lo que verdea.

Y, ¿qué es de sus sensuales habitantes? Aquellos abominables pobladores, que no encontraban satisfacción más que en las orgías, las comilonas y la deshonestidad, están todos rodeados, cercados, asaltados por el horrible incendio; unos a campo abierto, otros encerrados, otros dormidos en la cama o velando o envueltos en sus nefandos placeres; todos tienen sobre sí las voraces llamas, que, sin darles tiempo para ponerse a salvo, se pegan a las soeces e inmundas carnes y las abrasan, penetran por la garganta y los ahogan, calan hasta los intestinos, los destruyen y los hacen ceniza.

Y no paró aquel fuego de la ira de Dios hasta convertir aquel ameno valle, con todos sus malditos moradores, en la más escuálida y espantosa soledad. Más aún; reducidos a un montón de escombros y ceniza ciudades y ciudadanos con todos sus haberes, se hunde el suelo, se abre la tierra y lo traga todo en su seno, formando en él el vasto mar, que llamamos Mar Muerto, como afirman muchísimos acreditados escritores, no apto para la navegación y completamente estéril; hasta los peces arrastrados allá por alguna corriente, quedan ahogados y muertos en sus aguas pútridas; las aves que intentan pasar de una a otra orilla son detenidas por el pestífero hedor y caen sin vida en las aguas; de suerte que el hedor, la hediondez del agua, junto con la esterilidad del terreno adyacente, manifiestan continuamente cumplido lo que el apóstol San Judas dejó escrito, a saber, que las iniquidades, las inmundicias de Sodoma y Gomorra ofrecen y ofrecerán a todas las gentes futuras el horrible espectáculo de su castigo, verdadera imagen del infernal suplicio que ya no tendrá fin: *Sicut Sodoma et Gomorra et finitimae civitates factae sunt exemplum, ignis aelerni poenam sustinentes* (como Sodoma y Gomorra y las ciudades vecinas, que como ellos fornicaron y se fueron tras una carne diferente, padeciendo la pena de un fuego eterno).

Por amor de Dios, oyentes, ¿será un mal tan insignificante como para no tenerlo en cuenta, será una ligereza ese pecado, o mejor, ese sucio y pestífero estiércol, cuando Dios envió para lavarlo tan formidable incendio y así exterminar, aniquilar a quien lo cometió?

Ya sé que los libertinos dicen que estos grandes castigos son ciertos y que es verdad que se vieron; pero que no hay que darles mucha importancia, porque Dios ya no los envió más, ni ciertamente volverá a enviarlos en nuestros tiempos. Si vosotros razonáis así, ¿qué queréis que os diga? Si Dios tarda en dejar caer sobre vosotros su mano vengadora; si no quiere haceros probar tan pronto los tremendos castigos, como lo hizo con otros, tenéis razón; seguid en hora buena actuando como os plazca.

Pero debéis observar al menos que si Dios es tan bueno, tan paciente, tan sufrido con vosotros, no deberíais mostraros tan ingratos con El; tanto más cuanto que podría suceder que su paciencia excesivamente irritada pase a furor; y que, cuanto más tiempo os espera, tanto más duros y graves serán los castigos que hará caer sobre vosotros: *quos diutius expectat, durius damnat* (a los que más largo tiempo espera, más duramente los castiga), dice San Gregorio Magno. Aunque, hablando en plata, esos tales desbarran totalmente. Sí, sí, ya experimentan los efectos de su sensualidad al no conocer el infeliz estado en que se encuentran, su razón está cegada, y ya no conoce; su inteligencia está entenebrecida, y ya no ve; la voluntad, entorpecida y sólo apetecen cosas sensibles y el hombre, – ¡ay, qué triste condición la suya! – el hombre ya no conoce, ni entiende, ni comprende; y, cayendo de su alta dignidad, se vuelve semejante a los animales inmundos: homo, habla Dios por boca de su profeta, *cum in honore esset, non intellexit; iumentis insipientibus comparatus est, et similis factus est illis* (como fuese honrado, no lo comprendió; a los burros fue comparado y se volvió semejante a ellos). ¿Habéis visto tal vez lo que hacen los animales inmundos? Cualquier clase de alimento que se les lleve, cualquier bebida que se les ponga delante, sea sustanciosa, sucia y fétida y hasta mortífera, no les importa; todo lo tragan en su vientre voraz, todo lo sorben con tal de apagar sus insaciables codicias y satisfacer sus bestiales apetitos. Tal es, queridos míos, y me ruboriza el decirlo, tal es la condición de un hombre sensual. El, entregado a sus pasiones, presa de sus deshonestidades, ya no siente ni escucha la voz de su Señor que lo llama, ya no ve la venganza de Dios, que está a punto de caer sobre su cabeza; ya no se da cuenta del infierno, que tiene abiertas las fauces para tragarlo vivo; y sólo desea, sólo quiere, sólo anhela, sólo va adonde quiere, adonde lo guía la voluptuosa sensualidad. Ahí tenéis al hombre deshonrado y envilecido, vedlo ahí degradado, vuelto y hecho semejante a animales brutos e insensatos: homo..., etc. ¡Oh, Dios, qué espantoso estado, qué terrible decaimiento! ¡Qué gran mal es la deshonestidad!

Y si queréis castigos más sensibles, que no sólo oprimen el espíritu, sino también el cuerpo; ¡ay, qué frecuentes son por desgracia! No os traigo las pruebas que nos proporcionan abundantemente la historia sagrada y la eclesiástica. Pero dignaos pasar por las calles, visitar las plazas; y veréis personas en la flor de la edad, que podrían ser el honor de sus familias, el decoro de la patria, la gloria de la sociedad; por haberse entregado a este vicio se los ve perder el tiempo en ociosas diversiones, sin fuerzas, descoloridos y demacrados; no ofrecen en su semblante más que una barba que los deforma todavía más, cabellos extrañamente encrespados, de suerte que sólo se descubre en ellos unos hombres agotados, corroídos y maltrechos por el vicio, convertidos en oprobio y hez de la sociedad.

Pasaré por alto a tantas familias que, por este vicio, sufren amargas disensiones y discordias, se encuentran en las mayores y más calamitosas estrecheces, caídas de próspera situación; ¿y, por qué? por el torpe derroche del dinero; paso por alto las sequías, inundaciones, granizadas y quiebras de empresas; estas calamidades demuestran claramente, como afirma el Apóstol, la indignación de la ira divina para castigo de los pecados de que hablamos (Col, 3).

Pero... ¿qué diré a los desgraciados, que *capiuntur in tempore malo* (tomados en el tiempo malo), son heridos por los rayos de la venganza de Dios en el acto mismo en que consuman sus pecados nefandos y, dejando de vivir allí mismo su infame vida, van a dar comienzo a su eternidad infeliz? ¿Y qué deberé decir de tantos y de tantas jóvenes, como se ven en hospitales y en asilos? ¡Dios mío, cuántos! Tendidos en un lecho, cubiertos de hediondas úlceras o consumidos por afecciones pulmonares o por tuberculosis, faltos de fuerzas y tan oprimidos por la enfermedad, que mueven a compasión, a las lágrimas; y, si les preguntamos por la fuente de sus males, se ven obligados a confesar para su confusión, que *morbi sunt flagella peccatorum* (las enfermedades son el castigo de los pecados); sus desórdenes y su vida licenciosa son la causa de sus desventuras.

Hombres, permitidme este desahogo de celo, hombres cobardes y viles, conoced por fin vuestra dignidad y lo que os hace infelices; dejad también de buscar médicos y medicinas para vuestros males; pero dejad el pecado que es la causa de éstos; y, mientras tanto, dejad de decir, os lo ruego, dejad de decir que las conversaciones licenciosas, el vestir inmodesto, el hablar descocado, el trato escandaloso, la compañía de los malos, las tabernas y bailes, son un mal pequeño; decid más bien que son un gran mal, un enorme pecado, pecado que Dios castigó siempre con los más severos azotes, pecado que deshonra y envilece al hombre y lo iguala con los brutos, haciéndolo plenamente desventurado e infeliz. Un mal, pues, del que se debe huir como de un enemigo, que trae toda clase de calamidades y desdichas.

SEGUNDA PARTE

Me diréis: esta mañana ha cargado demasiado las tintas, llamando totalmente infelices a los que se dan buena vida, siendo así que, por el contrario, se los ve a todas horas disfrutar a su talante, y siempre ríen, están siempre alegres y nunca son víctimas de desgracia alguna. Eso decís vosotros, pero yo os ruego que prestéis mucha atención a mi respuesta, pues aquí precisamente está el desengaño.

¿Así que gozarán tranquilidad los libertinos? No; os lo dice el Señor: *non est pax impiis* (no hay paz para el impío); ellos y su impiedad son abominados por Dios; el pecador os parecerá feliz, pero lo acompaña siempre el espíritu del terror, *spiritus terroris in aure eius* (el espíritu del terror está en sus oídos); irá a fiestas, irá a bailes, teatros, tertulias, orgías, crápulas; aparentará estar alegre y contento, pero lleva siempre consigo al inseparable gusano de la conciencia que, sin cesar, lo agita bárbaramente y lo azota y, en todos los lugares, mezcla la aparente dulzura de sus placeres con la hiel más amarga, y lo que debería producirle más alegría, lo hace más infeliz: *contritio et infelicitas in viis eorum* (contrición e infelicidad en sus caminos). Y si pretendéis suponer a un pecador, que, ahogando todo remordimiento de conciencia, entenebrecida toda luz de la razón y del buen sentido, vive en paz y en prosperidad, ¡ah, pobrecito! El Señor permite que goce de esta aparente felicidad y en el momento en que piensa estar en posesión de ella y va gritando paz y seguridad, *pax et securitas* (paz y seguridad), es precisamente entonces, cuando Dios, cansado de ultrajes e insultos, arma su omnipotente diestra, corta el hilo de sus días y, de repente, pasa nuestro pecador de la vida a la muerte, del tiempo a la eternidad, de sus sucios deleites a las terribles penas del infierno; cum *dixerit pax et securitas, tunc repentinus superveniet interitus* (han de decir: paz y seguridad, entonces de repente sobrevendrá la muerte); son palabras infalibles del Espíritu Santo.

Podría confirmar esto ampliamente con muchísimos ejemplos tomados de la historia sagrada o eclesiástica; pero me limito a uno solo, acaecido en estos días y del que vosotros mismos supongo estaréis plenamente informados. Hace pocos años, un joven, cuyo nombre debo callar, fue a

Turín después de terminar sus estudios literarios, para emprender una profesión conveniente a su elevada condición; fue y, en un principio, dio alguna esperanza de óptimo resultado, hasta que,... el imprudente, el infeliz... comenzó a alternar con malos compañeros, imitó sus palabras, imitó sus hechos y se dio a la buena vida; parecía alegre, completamente satisfecho y se tenía por feliz cuando se le presentaba ocasión de poder burlarse de nuestra santa religión y de los que la seguían.

El pobre joven no quería creer que, en los placeres, no hallaría paz; pero pronto lo confesaba él mismo, cuando lo había experimentado.

No tardó mucho tiempo en contraer la enfermedad propia de los libertinos; acudió a médicos, visitó a cirujanos, pero ya no hubo remedio eficaz para él; su mal se hizo incurable, tenía que prepararse para la eternidad; y ¿cómo hacerlo? Desahuciado por los médicos, angustiado por la enfermedad que lo atormentaba internamente, pensó, resolvió y determinó suicidarse. Fijó el día y la hora de su último crimen, escribió en un papel que prefería los tormentos del infierno a los de la vida presente y bebió ácido prúsico, el veneno más poderoso que, apenas tragado, le causó la muerte; ésta es la paz y la tranquilidad del deshonesto: *cum dixerit pax et securitas, tunc repentinus superveniet interitus.*

Pasemos ahora a nosotros mismos: ¿qué resolución queréis tomar después de haber visto la vida infeliz y el fin funesto que espera al libertino? Mirad al cielo y a la gloria bienaventurada que os espera; pensad en el infierno y la eterna desolación que os está preparada; y escuchad después lo que os dice Jesús Crucificado: si vosotros, es El mismo quien os habla, si vosotros queréis dejar el camino de la iniquidad, os declaro que os recibiré como Padre y os tendré como a hijos, os ayudaré a cumplir mi ley, repararé vuestro cansancio, daré paz temporal y eterna a vuestras almas y aun cuando estuvierais manchados con toda suerte de suciedades y vuestras almas fueran de color escarlata, se tornarán tan blancas y puras como la nieve: *si fuerint peccata vestra ut coccinum, sicut nix dealbabuntur* (aunque vuestros pecados sean rojos como la escarlata, se volverán blancos como la nieve). Pero si queréis perseverar en vuestros nefandos goces, sabed que para vosotros ya no habrá salida, para vosotros no habrá felicidad; porque está ya decretado que ni adúlteros, ni fornicadores, ni libertinos deshonestos poseerán el reino de los cielos. Es más, después de hacerles comprobar que en este mundo no tienen paz, los exterminaré de la haz de la tierra con mi vengadora espada y los condenaré al mayor de los suplicios, para gemir y rechinar los dientes en las desoladoras llamas de la eternidad del infierno: *quod si nolueritis, et me ad iracundiam provocaveritis, gladius devorabit vos, quia os Domini locutum est* (porque si no quisiéreis y provocáreis mi iracundia, una espada os devorará, porque la boca del Señor ha hablado). ¿Y en qué lugar? *ubi vermis eorum non moritur et ignis non extinguitur* (donde su gusano no muere y el fuego no se extingue). ¡Ah, por un inmundo placer perder un bien tan grande y ganarse un mal tan grande! Meditadlo".

Consejos a sus religiosos para conservar la castidad

"El voto de castidad[16].

1.° Quien se dedica a la juventud abandonada debe tener gran empeño en adornarse de todas las virtudes. Pero la virtud que con mayor esmero se ha de cultivar es la virtud de la castidad, la virtud angélica, la más agradable al Hijo de Dios.

2.° El que no abriga fundada esperanza de poder guardar, con la ayuda de Dios, esta virtud en palabras, obras y pensamientos, no profese en esta Sociedad, pues constantemente se hallaría en medio de grandes peligros.

---

[16] DON LEMOYNE, *Memorias biográficas*, tomo 7.

3.º Las palabras, las miradas, aun indiferentes, son a veces maliciosamente interpretadas por los jóvenes que ya han sido víctimas de las humanas pasiones. Por lo tanto hay que tener cuidado esmeradísimo al hablar o tratar de cualquier tema con jóvenes de toda edad y condición.

4.º Evítese el trato con seglares cuando se vea peligrar esta virtud, y sobre todo las conversaciones con personas de otro sexo.

5.º Ninguno vaya a casa de conocidos o amigos sin permiso del Superior, el cual, en lo posible, le asignará un compañero.

6.º Medios eficaces para guardar esta virtud son: la frecuente confesión y comunión, la práctica exacta de los consejos del confesor, la fuga del ocio, la mortificación de todos los sentidos, visitar a menudo a Jesús Sacramentado y dirigir frecuentes jaculatorias a María Santísima, a san José, a san Francisco de Sales y san Luis Gonzaga, que son los principales protectores de esta Congregación".

Prédica durante unos Ejercicios Espirituales y los medios para conservar la "Bella virtù"

"Medios negativos para conservar la castidad[17].

No puedo, queridos hijos míos, entretenerme este año hablando con vosotros de muchas cosas de las que desearía hablaros. Sería muy conveniente hablaros de los votos y de los grandes bienes que acarrean, de la utilidad que reportan al que los hace y a la misma Iglesia, pues ellos originan las distintas órdenes religiosas, y sin ellos se hunden las órdenes. Querría hablaros de la pobreza religiosa, que nosotros debemos amar, y no sólo hacer ver la belleza de la pobreza en sí misma, sino descender a los detalles y hacer amar a los amigos de la pobreza, para que no nos suceda a nosotros lo que san Jerónimo y san Bernardo decían a ciertos monjes de sus tiempos, a los que les gustaba el nombre de la pobreza, con tal de no experimentar sus

---

[17] DON LEMOYNE, *Memorias biográficas*, tomo 11.

efectos; es decir, que no aman a los amigos, a los compañeros de la pobreza. Muy útil sería también hablaros de la obediencia religiosa. Se la necesita mucho, pues con ella una casa puede ir adelante prósperamente y sin ella nada puede sostenerse en el mundo, porque el Señor ha hecho todo con cierta jerarquía, de modo que una sola rueda que no gire, es decir, un solo individuo que no obedezca, puede hacer que marche mal toda una máquina. Pero de todas estas cosas, en parte ya os hablan los otros predicadores, en parte ya las conocéis bastante y en parte os las dirán otras veces. Yo creo oportuno hablaros hoy de una virtud que me parece a mí es la base de todas, la que prácticamente debe servir de base para todo el edificio religioso, de esa virtud que, por su preciosidad, es llamada virtud angélica. Yo no sé si voy a decir un despropósito; pero es mi parecer que, quien la posee está seguro de poseer todas las demás; y el que no, puede que posea alguna más, pero todas quedan ofuscadas y, sin ella, pronto desaparecerán.

Se pueden dar muchos medios para conservar tan preciosa virtud. Pueden reducirse a dos categorías: medios negativos y medios positivos.

Los negativos pueden compendiarse en la norma que nos dio san Agustín: *Apprehende fugam si vis referre victoriam* (emprende la fuga si quieres alcanzar la victoria). Para combatir los otros vicios, hay que tomarlos de frente; para conseguir esta virtud, dice san Felipe, vencen los cobardes, los que huyen (es decir, de las ocasiones de pecado o de las tentaciones)[18].

Se llaman medios negativos los que nos indican lo que debemos evitar o huir, para no encontrarnos en peligro de perderla.

---

[18] Agregado mío.

Son muchos los medios negativos. Pero yo los reduzco todos a la palabra huir: *Apprenhende fugam si vis referre victoriam* (emprende la fuga si quieres alcanzar la victoria).

1) Huir de las personas de otro sexo

En primer lugar, huir de la familiaridad con ellas. Nunca serán demasiadas las precauciones. ¿Cómo se las arreglarán aquellos que desean salir a rienda suelta y dan plena libertad a sus ojos para mirar por todas partes? He aquí un clérigo que va a casa de sus padres. Se dirá: no hay ningún peligro en ello.

Y, sin embargo, tendrá que ir a visitar a la prima, a la tía, a la cuñada. Hay mujeres prudentes; pero no todas lo son; a muchas les gusta presentarse bonitas, otras están mal vestidas; aquí un gesto, allá un movimiento y ese tal, si no cae, se encuentra en grave peligro. Y no se diga tampoco:

– ¡Es mi hermana! ¡Es una persona religiosa! ¡No es más que una niña!

Porque el demonio es astuto, ha estudiado mucha lógica y sabe hacer abstracción a las mil maravillas. Quita la palabra hermana y deja sólo la palabra mujer; quita la palabra religiosa, pariente, y deja la palabra soltera; quita la palabra jovencita, niña y deja sólo la palabra muchacha; y, si no llega a caer, se pone en peligro; no está allí de pronto, mas espera y verás cómo serán tus pensamientos cuando te encuentres solo.

2) Huida de las conversaciones mundanas

Viene, en segundo lugar, la huida de las conversaciones mundanas. ¡Qué raras son las conversaciones en las que no hay alusiones a nada de este género! Por lo común son jóvenes que hablan un poco de todo, están acostumbrados a ir por todas partes y hablar con toda clase de gente y ni siquiera piensan en el escándalo que pueden dar. Se empieza por contar anécdotas y episodios, por reírse de unas cosas y de otras y aquella pobre persona consagrada al Señor, ¿cómo se las arreglará para mantener el corazón puro y limpio?

Las conversaciones que me parecen más peligrosas son las que se sostienen en los banquetes, y singularmente en las bodas. Se tratará del hermano, del primo, de la hermana, todos gente honrada; pero, ¿qué queréis que os diga? Aquellas conversaciones, unidas al comer y beber hasta saciarse acaban siempre por dejar mil impresiones peligrosas, especialmente cuando uno, después de esos banquetes, se queda solo y se dispone a descansar; son impresiones tales que, si no se es muy fuerte, no se resisten.

3) Tercera fuga: las visitas que se reciben

Aun cuando se presentan sin que vosotros vayáis a buscarlas. Hay que emplear mucha cortesía: se reciben, se intercambian los saludos, se piden noticias de unos y de otros; mirad, aquí hay esto, allí esto otro. Se está un momento y después:

– Bien, ahora tengo que hacer tal cosa que me urge; quedaos con Dios.

Pero permanecer largo tiempo, prolongar la conversación, acompañarlos a ver esto o aquello, son cosas que comienzan a ser peligrosas.

Y no se diga que los visitantes quedarán ofendidos, si uno no se entretiene más tiempo o si no se aceptan invitaciones para ir a comer a otro sitio. Generalmente quedan edificados, y dicen:

– Aquí hay orden, y cuando hay una regla, se cumple.

No hace mucho tiempo vinieron los padres de un clérigo, con un hermano suyo, que ya es oficial del ejército, y pidieron que le dejara salir. Respondí que no se podía. Ellos insistieron hasta casi insultarme. Yo les hice notar que ése era el reglamento y que había que cumplirlo. Y no se quedaban satisfechos. Entonces me dirigí seriamente al oficial y le dije:

– Escuche un momento. Usted pertenece al ejército y me puede comprender. ¿Qué diría su Coronel, si yo me presentara a él y le dijera?

– Señor Coronel, sé que el reglamento del ejército prohíbe esto y aquello, pero yo quisiera que, en atención a mí, atropellase el reglamento. Y si el Coronel no cediera, yo insistiera forzándole:

– Déjese, déjese de reglamentos...

– Yo soy el Coronel, respondería; y tengo mi reglamento. ¿Qué me diría usted mismo si yo fuese débil y lo atropellara para dar gusto a un tercero?

Lo comprendió el oficial y dijo:

– Don Bosco, tiene usted toda la razón, hemos hecho mal en insistir. ¡Vámonos! Estoy muy satisfecho de que mi hermano viva bajo su disciplina.

Y empezaron a alabarme y llamar afortunados a los que son dirigidos así.

He dicho esto para haceros ver que, aunque parece descortesía el no condescender en todo, cuando ven que es para conservar el orden y que, cuando del orden se trata no se transige en nada, se quedan sorprendidos y se van muy satisfechos.

Huir además de los espectáculos, teatros, bailes, reuniones y, en general, vivir muy retirados.

Huir de las amistades con los muchachos. Sigamos un poco más lejos; no basta huir de la familiaridad con personas de otro sexo, de los banquetes, las tertulias, etcétera. Os digo que también hay que huir de la familiaridad con las personas del mismo sexo, y, lo primero, no haya nunca amistades sensibleras entre vosotros mismos.

Además, si tenéis que salir de casa, elegid por compañero al más díscolo; y si se acerca otro alocado, admitidlo también. Con los muchachos, vengamos al caso práctico. Yo que siempre recomiendo se esté en medio de los muchachos, ¿os voy a decir ahora que huyáis de ellos? Entendámonos bien. Hay que estar con ellos, en medio de ellos; pero nunca a solas con ninguno; nunca más con uno que con otro. Digámoslo francamente: la ruina de las Congregaciones religiosas, que se dedican a la instrucción de la juventud, debe atribuirse a esto. Ciertamente son exageradas algunas calumnias de estos últimos años, en relación con algunos religiosos y el cierre de algunos colegios de los más florecientes de Italia; pero, digamos también, que no se hubiera llegado a estos excesos, de no haber habido sospechas muy fundadas en muchos casos.

Yo he llegado a la edad de cincuenta años sin conocer esta clase de peligros; pero lamentablemente he debido convencerme después de que este gravísimo peligro existe, que es apremiante y que es preciso estar muy en guardia.

Por tanto, yo digo: no se bese nunca a los muchachos, ni se les acaricie. No se tenga más amistad con un joven que con otro, especialmente con los más agraciados. Nada de escribirse cartas. Si supierais a cuantos maleó esto de escribirse cartitas empalagosas y, en este mismo año, cuantas tonterías y chiquilladas se han escrito; cartas que pasaron por muchas manos y cayeron después en las mías. Nada de regalitos particulares. Los regalos de estampas, de caramelos y dulces o de cualquier cosa son peligrosísimos, cuando se hacen por simpatía y privadamente. Se pueden dar pequeños premios en clase al más aplicado, al que mejor se portó durante un tiempo determinado, al que hizo mejor un trabajo determinado: esto sí que se puede hacer para animar a los alumnos, pero más no. ¿Y qué decir de quien, aun por motivos buenos, condujera a su habitación a los muchachos y se encerraran en ella para cortarles el pelo o cosa parecida o bien para hablar de cosas secretas? No se haga nunca esto... Ni tampoco se muestre más amigo de uno que de otros. Me gusta mucho lo que veo que ya se acostumbra hacer y que deseo se extienda; esto es, que al salir del comedor, de la iglesia, etc., juntarse con el primer muchacho que aparece, sin distinción de curso o de edad y entretenerse con él, hablando de cualquier cosa. Sin saber quién es, ni qué está haciendo, ni qué quiere. Y con todo unirse a él y pasear juntos".

Consejos a sus salesianos

"El tercer voto[19], que habéis hecho es el de castidad. ¡Qué hermosa es esta virtud! Quisiera emplear días enteros para hablaros de ella, pero veo que me falta el tiempo. Ojalá pudieran todos los salesianos guardarla limpia de la más pequeña mancha: es la virtud más bella, la más esplendorosa y, al mismo tiempo, la más delicada entre todas. ¡Es tan fácil perderla, si no se emplean todos los medios necesarios para guardarla! ¡Es tan fácil mancillarla, si no se ponen en práctica las precauciones, que los Superiores y las Reglas sugieren! Debemos poner toda nuestra diligencia para mantenernos puros y santos en la presencia de Dios. Prestad atención al primer vientecillo pasional, mortificaos en ciertos tratos algo sensuales, sed reservados en ciertas palabras algo inconvenientes, aborreced ciertas amistades algo simpáticas, ciertos libros fantásticos. Y después no deis libertad a los sentidos, y si el demonio, aprovechando un momento en que estamos ociosos o descuidamos alguna precaución o hemos cometido alguna imprudencia por quebrantar las Reglas, se lanza de improviso al asalto contra nosotros, no nos dejemos disuadir, no renunciemos a nuestra gloria diciendo:

– ¡Por una vez! ¡Sólo será esta vez! ¡Hace tanto tiempo que resisto! Después lo remediaré.

– ¡Ay! ¡Ay! ¡*Abyssus abyssum invocat!* (¡un abismo llama a otro abismo!) ¿Y si uno se hubiese dejado vencer por el demonio? Atención, no hay que dar el primer paso en falso después de una desgracia. Es un gran paso en falso y fatal el de aquellos que, si les sucede una desgracia, cambian de confesor. No encuentro nada que haga más

---

[19] Don Lemoyne, *Memorias biográficas*, tomo 12.

daño, porque aquí no se trata únicamente de recibir la absolución, sino que se trata de dirección. Cualquier confesor podrá daros la absolución, pero ¿cómo queréis que os dirija aquél, a quien decís sólo las cosas ordinarias y, si hay algo más grave, no se lo decís? ¿Qué juicio podrá formarse de ciertas faltas, que, por no saber más, podrá tener por ligeras y, sin embargo, son la causa de lo que ocultáis? ¿Qué remedios espirituales podrá daros, qué consejos sugeriros, si creyéndoos como vosotros decís, tomará por escrúpulo lo que es consentimiento, por descuido lo que es consecuencia de lo que él desconoce? ¿Qué diríais de un enfermo, que descubre al médico ordinario sólo una parte de la enfermedad, pero no dice nada de donde está el cáncer, la verdadera llaga? ¿Habla de un poco de cansancio que le oprime, de un ligero dolor de cabeza, pero calla la mucha fiebre que tuvo ayer? El médico le recetará alguna medicina para calmar, pero mañana volverá la fiebre y el enfermo se va al otro mundo. Escuchad: la mejor medicina para curar en estos casos, el gran freno para no incurrir en otras caídas es confesarse con el confesor ordinario.

Por lo demás yo quisiera que todos vosotros, jóvenes, clérigos y sacerdotes, no dejarais pasar un solo día sin pedir al Señor, de una manera especial, la gracia de poder conservar esta bella virtud y singularmente después de comulgar o celebrar la santa misa. Pedirla siempre como la gracia más grande. Pidiéndola con mucha insistencia, mientras tenemos en nosotros a Jesús Sacramentado, casi me parece poder decir que el Cuerpo de Jesús, la Sangre de Jesús se incorpora a nosotros, se mezcla con nuestra sangre y no podrá sucedernos nada desordenado".

Consejos para alcanzar la pureza

> *"Alguien ha tildado a Don Bosco y a sus hijos de darle demasiada importancia a la pureza. No tienen razón. Don Bosco se basa en la realidad. Y la realidad es que si un niño salvaguarda su pureza, ha salvado su vida. Bien mirado, Don Bosco no hace otra cosa que conjugar en activo y en positivo lo que muchos conjugan por pasivo mediante prohibiciones. Toda esa inmensa y enorme literatura sobre "educación de la castidad", "educación sexual" (fea palabra, según Pío XI), está pregonando la importancia que esto tiene para la Humanidad. Don Bosco es muy positivo, muy realista y muy equilibrado; casi no habla del vicio, sino de la virtud; ni siquiera se le ocurrió poner en su sistema educativo un capítulo sobre el tema específico. Por eso alguien ha llamado "pureza científica" la que él postula; es, sencillamente, pureza cristiana"*[20].

La más bella de las virtudes

"Toda virtud en los niños[21] es un precioso adorno que los hace amados de Dios y de los hombres. Pero la reina de todas las virtudes, la virtud angélica, la santa pureza, es un

---

[20] Rodolfo Fierro, SDB en SAN JUAN BOSCO, *Biografía y escritos de San Juan Bosco*, BAC, Madrid 1967, 835, nota 10.
[21] SAN JUAN BOSCO, *Biografía y escritos de San Juan Bosco*, "Instrucciones para la juventud", BAC, Madrid 1967, 637-640.

tesoro de tal precio, que los niños que la poseen serán semejantes a los ángeles del cielo. *Erunt sicut angeli Dei* (serán como ángeles de Dios), dice nuestro divino Salvador. Esta virtud es como el centro donde se reúnen y conservan todos los bienes; y si, por desgracia, se pierde, todas las virtudes están perdidas. *Venerunt autem mihi omnia bona pariter cum illa* (me vinieron con ella todos los bienes), dice el Señor.

Pero esta virtud, que os hace como otros tantos ángeles del cielo, virtud muy querida por Jesús y María, es sumamente envidiada del enemigo de las almas; por lo que suele daros terribles asaltos para hacérosla perder o, a lo menos, manchar.

He aquí algunos medios, que son como armas con las cuales ciertamente conseguiréis guardarla y rechazar al enemigo tentador.

1) *El principal es la vida retirada*. La pureza es un diamante de gran valor; si ponéis un tesoro a la vista de un ladrón, corréis riesgo de ser asesinados. San Gregorio Magno declara que quiere ser robado el que lleva su tesoro a la vista de todo el mundo.

2) Agregad a la vida retirada *la frecuencia de la confesión sincera y de la comunión devota*, huyendo además de los que con obras o palabras menosprecian esta virtud.

3) Para prevenir los asaltos del enemigo infernal acordaos de lo que dijo nuestro divino Salvador: "Este género de demonios (esto es, las tentaciones contra la pureza) no se vencen sino con el *ayuno y la oración*". Con el ayuno, es decir, con la mortificación de los sentidos, poniendo freno a las malas miradas, al vicio de la gula, huyendo de la ociosidad, de la molicie y dando al cuerpo el reposo estrictamente necesario. Jesucristo, en segundo lugar, nos recomienda que acudamos a la oración, pero hecha con fe y fervor, no cesando de rezar hasta que la tentación quede vencida.

4) Tenéis, además, armas formidables en las *jaculatorias* invocando a Jesús, José y María. Decid a menudo: "Jesús mío sin pecado, rogad por mí; María, auxilio de los cristianos, no me desamparéis; Sagrado Corazón de Jesús y de María, sed la salvación del alma mía; Jesús, no quiero ofenderos más". Conviene, además, *besar el santo crucifijo, la medalla o escapulario de la Santísima Virgen y hacer la señal de la cruz*. Si todas estas armas no bastaran para alejar la maligna tentación, recurrid al arma invencible de la presencia de Dios. Estamos a la merced de Dios, quien, como dueño absoluto de nuestra vida, puede hacernos morir de repente; ¿y cómo nos atreveremos a ofenderle en su misma presencia? El patriarca José, cautivo en Egipto, fue provocado a cometer una acción infame, mas al momento contestó: "¿Cómo he de cometer ese pecado en la presencia de Dios; de Dios creador, de Dios salvador; de aquel Dios que en un instante puede castigarme con la muerte?" Dios, en el acto mismo en que le ofendo, puede arrojarme para siempre en el infierno. Es imposible no vencer las tentaciones acudiendo en tales peligros a la presencia de Dios, nuestro Señor (…).

Y pues mucho interesa que todos guardéis esta virtud, que tanto agrada a María Santísima voy indicaros algunos medios más a fin de preservarla del veneno que la pudiera contaminar.

Ante todo:

1) *No tengáis familiaridades con personas de distinto sexo, o al menos tratad con ellas lo menos posible*. Comprendedlo bien: quiero decir que los chicos no deben familiarizarse con las chicas, si no quieren exponer su virtud a los mayores peligros.

2) Otro medio de los más eficaces para la conservación de la misma virtud es *guardar los sentidos, particularmente la vista (…)*. Velad, pues, sobre vuestros ojos, que son las ventanas por donde entra el pecado en los corazones, haciendo que el demonio se apodere de las almas. No os

detengáis nunca a contemplar ningún objeto que sea contrario a la modestia (…).

Otro jovencito, que vivió en esta casa del Oratorio, a quien se le preguntaba por qué era tan recatado en las miradas, respondió: "He resuelto no mirar cara de mujer alguna para fijar por primera vez mi vista – si no soy indigno – en el bellísimo rostro de la Madre de la pureza, María Santísima".

3) Debéis también *absteneros de todo exceso en el comer y beber;*

4) *alejaros de los teatros, de los bailes y otras diversiones semejantes, que son la ruina de la juventud.*

5) La tercera gracia que debéis pedir a – la inmaculada Virgen María es la de *estar siempre alejados de la compañía de los que tienen conversaciones libres u obscenas, es decir, que tratan de cosas que no dirían en presencia de sus padres o superiores.* Alejaos de ellos aun cuando fueran amigos o parientes vuestros, pues os aseguro que su compañía puede ser tan perjudicial a vuestras almas como la de un demonio".

Consejos de Don Bosco y San Felipe Neri a Magone

Miguel Magone no había tenido una vida necesariamente de gracia; fue un joven que, poco a poco, fue conquistando la cumbre de la santidad; he aquí unos consejos que Don Bosco daba sacados de otro gran santo de la juventud: San Felipe Neri[22].

"Durante el mes de mayo de aquel año 1858 se propuso hacer cuanto pudiera para honrar a María. Mortificó del todo sus ojos, su lengua y los demás sentidos. Quiso privarse de algo de recreo, ayunar, pasar parte de la noche en oración, pero no le fue permitido por no ser compatible con su edad.

---

[22] DON LEMOYNE, *Memorias biográficas,* tomo 6.

A fines del mes se presentó a don Bosco y le dijo:

– Si usted está de acuerdo, quiero hacer algo muy bonito en honor de la Santísima Virgen. Yo sé que san Luis Gonzaga agradó mucho a María porque le consagró desde niño la virtud de la pureza. Yo también quisiera ofrecerle este don, y por esto deseo hacer el voto de hacerme sacerdote y guardar perpetua castidad.

Don Bosco le contestó que no tenía todavía edad para hacer un voto de tanta importancia.

– Sin embargo, interrumpió él, siento en mí una firme voluntad de entregarme plenamente a María; y, si me consagro a Ella, ciertamente Ella me ayudará a cumplir mi promesa.

– Vas a hacer así, añadió don Bosco; en vez de un voto, limítate a hacer la promesa de abrazar el estado sacerdotal, siempre y cuando, al acabar los cursos de latín, se vean claras señales de que eres llamado al mismo. En lugar del voto de castidad promete únicamente a Dios que, en adelante, pondrás el mayor cuidado en no hacer nunca cosa alguna, ni decir palabra, ni un chiste siquiera, que sea en lo más mínimo contrario a esta virtud. Pide cada día a María, con alguna oración particular, que te ayude a mantener esta promesa.

Quedó conforme con lo que se le proponía, y unos días después le dio don Bosco un papelito diciéndole:

– Léelo y practícalo.

Magone lo abrió y leyó:

Cinco recuerdos que san Felipe Neri daba a los muchachos para guardar la virtud de la pureza:

1) *Apartarse de las malas compañías.*

2) *No alimentar el cuerpo con manjares delicados.*

3) *Evitar el ocio.*

4) *Frecuente oración.*

5) Frecuencia de los Sacramentos, especialmente de la confesión.

Lo que allí le decía en pocas palabras, se lo expuso otras veces más ampliamente. En efecto, le dijo:

1. Ponte con filial confianza bajo la protección de María; confía en Ella; espera en Ella. Jamás se ha oído decir que alguno de los que han acudido con confianza a María no haya sido escuchado. Ella será tu defensora en los asaltos que el demonio lanzará contra tu alma.

2. Cuando adviertas que eres tentado, ponte enseguida a hacer algo. La ociosidad y la modestia no pueden vivir juntas. Por eso, evitando el ocio, vencerás también las tentaciones contra esta virtud.

3. Besa a menudo la medalla o el crucifijo, santíguate con viva fe, diciendo: Jesús, José y María, ayudadme a salvar el alma mía. Estos son los tres nombres más terribles y formidables para el demonio.

4. Y, si el peligro persiste, acude a María con la oración que nos propone la Santa Iglesia, a saber: Santa María, Madre de Dios, ruega por nosotros pecadores.

5. Además de no alimentar con manjares delicados el cuerpo, además de la guarda de los sentidos, especialmente de los ojos, guárdate también de toda clase de malas lecturas. Más aún, si algunas cosas indiferentes fueran para ti ocasión de peligro, déjalas enseguida; lee con gusto libros buenos y con preferencia los que hablan de las glorias de María y del Santísimo Sacramento.

6. Apártate de los malos compañeros, elige por el contrario compañeros buenos, es decir, aquéllos que, por su buena conducta, merecen las alabanzas de tus superiores. Habla con ellos, toma parte en sus juegos, pero procura imitarlos en su manera de hablar, en el cumplimiento de los deberes y sobre todo en las prácticas de piedad.

7. *Confiésate y comulga* con la frecuencia que te lo consienta el confesor; y, si lo permiten tus ocupaciones, visita a menudo a Jesús Sacramentado.

Don Bosco daba continuamente estos consejos en público y en privado, de viva voz y por escrito, y añadía:

– Tal vez diga alguno que estas prácticas piadosas son demasiado vulgares. Pero yo advierto que así como el brillo de la virtud de que hablamos puede empañarse y perderse al más ligero soplo de tentación, así también debe estimarse en mucho cualquier cosa por pequeña que sea, que contribuya a conservarla. Por eso *yo aconsejaría una cuidadosa vigilancia para proponer cosas fáciles, que no asusten, ni cansen a los fieles cristianos, sobre todo si son jóvenes. Los ayunos, las oraciones prolongadas y otras rígidas austeridades suelen dejarse o se hacen de mala gana y con negligencia. Atengámonos a lo fácil, pero hagámoslo con perseverancia"*.

Magone fue un muchacho que venía del "mundo" como la mayoría de nosotros; un joven normal, con sus virtudes y pecados, por esto Don Bosco no se cansaba de aconsejar; aquí vienen otros consejos que pueden sernos útiles:

Consejos para un joven que vive en el mundo[23]

"1.° Procurad vencer *la ilusión* que suelen padecer los muchachos de vuestra edad pensando: que aún *tenéis mucho tiempo por delante*. Esto es muy incierto, queridos amigos míos, y, en cambio, es cierto y seguro que habréis de morir y que, si morís mal, estáis perdidos para siempre. Preocupaos, por tanto, de prepararos para la muerte, procurando más que ninguna otra cosa estar en gracia de Dios.

---

[23] Don Lemoyne, *Memorias biográficas*, tomo 7.

2.° Si hacéis algún bien, el demonio y vuestra pereza os dirán que es demasiado y quizá el mundo os tachará de beatos y escrupulosos; pero vosotros pensad que en *la muerte* todo os parecerá poco y mal hecho, y entonces veréis el engaño que sufristeis. Esforzaos por reconocerlo ahora.

3.° Una de las cosas que deberían considerar y estudiar siempre los jóvenes es *la elección de estado*. Por su desgracia piensan poco en ello y por eso la mayor parte se equivoca; se hacen unos infelices para toda la vida, y corren el riesgo de serlo por toda la eternidad. Vosotros reflexionad en ello, pedid siempre a Dios que os ilumine y no os equivocaréis.

4.° Hay dos cosas contra las que no se lucha y que nunca se superan suficientemente: nuestra *carne y el respeto humano*. Dichosos vosotros, si os acostumbráis a combatir contra ellas y a vencerlas en vuestra tierna edad.

5.° *Un poco de diversión no es malo*; pero resulta difícil escogerla y después moderarse. Haced, pues, así. Que vuestras distracciones y vuestras diversiones estén aprobadas por vuestro confesor y no lleguéis nunca hasta la saciedad; y cuando os abstengáis de ellas para venceros, sabed que habéis obtenido una gran victoria y una hermosa ganancia.

6.° Hasta que no vayáis a gusto a confesaros y a comulgar, y hasta que no os agraden los libros piadosos y los compañeros devotos, no creáis tener todavía una sincera devoción.

7.° *El muchacho que todavía no es capaz de soportar una injuria sin vengarse* de ella, y que no tolera las represiones, aun injustas, de sus Superiores, y más aún de sus padres, está todavía muy atrás en el camino de la virtud.

8.° No hay veneno más perjudicial para los jóvenes que los *libros malos*. Hay que temerlos mucho en nuestros tiempos, porque son muy numerosos y descarados en cuanto a religión. Si amáis la fe, si amáis vuestra alma, no los leáis, sin que antes hayan sido aprobados por el confesor u otras personas de reconocida doctrina y esclarecida piedad; pero reconocida y esclarecida, entendedlo bien.

9.º Mientras no tengáis miedo y no huyáis de las *malas compañías* no sólo debéis pensar que os encontráis en gran peligro, sino incluso temed ser malos vosotros mismos.

10.º Elegid siempre los *amigos y compañeros entre los buenos conocidos*, y de éstos, los mejores; más aún, imitad lo bueno y lo mejor de éstos y huid de sus defectos, porque todos los tenemos.

11.º *No seáis obstinados en vuestro obrar, pero tampoco seáis inconstantes.* Siempre he visto que los inconstantes, que fácilmente cambian de resolución sin graves motivos que les determinen a ello, acaban mal en todo.

12.º *Una de las mayores locuras de un cristiano es la de aguardar siempre a ponerse en el buen camino,* diciendo después, después; como si estuviese seguro del tiempo venidero y como si le importase poco el hacerlo pronto y ponerse a salvo. Sed, pues, prudentes y poneos en regla enseguida como si tuvierais la certeza de no poderlo hacer después. Confesaos cada quince días a más tardar; haced un poco de meditación y de lectura espiritual cada día; el examen de conciencia todas las noches; la visita al Santísimo Sacramento y a la Virgen; cumplid con la Congregación; haced el ejercicio de la buena muerte; pero sobre todo, tened una devoción a la Santísima Virgen grande, tierna, verdadera y constante. ¡Oh, si supieseis la importancia de esta devoción, no la cambiaríais por todo el oro del mundo! Tenedla, y espero que un día diréis: *Venerunt mihi omnia bona pariter cum illa* (todos los bienes me vinieron con ella)".

Los nueve guardianes de la pureza

Don Lemoyne relata así cómo era incansable el amor de San Juan Bosco por esta virtud[24]:

"Había comenzado la novena de la fiesta de la Inmaculada Concepción de la Santísima Virgen María, y don Bosco exhortaba a sus alumnos a celebrarla con mucha piedad y escribía las florecillas para practicar durante aquellos días. Cada noche presentaba y explicaba una de ellas, ya él mismo, ya don Miguel Rúa, si don Bosco no podía.

He aquí el manuscrito de don Bosco.

NUEVE GUARDIANES DE LA SANTA VIRTUD DE LA PUREZA:

1.º Fuga del ocio.

2.º Fuga de los malos compañeros.

3.º Trato con buenos compañeros.

4.º Confesión frecuente.

5.º Comunión frecuente.

6.º Oración frecuente a María.

7.º Oír bien la santa misa.

8.º Revisión de las confesiones pasadas.

9.º Pequeñas y frecuentes mortificaciones en honor de María.

El mayor y más poderoso guardián de la pureza es el pensamiento de la presencia de Dios.

Medios positivos y negativos para alcanzar la pureza

Don Bosco era un genio y como tal sabía dar remedios de adelante para atrás y de atrás para adelante. Con breves

---

[24] DON LEMOYNE, *Memorias biográficas*, tomo 7.

frases y consejos sencillos, llegaba al corazón de los hombres al mismo tiempo en que instruía para la vida eterna.

Veamos algunos medios que él mismo escribe para lograr la "bella virtù"[25].

"La castidad es necesaria para todos, y singularmente para quienes se dedican a la educación de la juventud. Virtud grande que eleva al hombre al nivel de los ángeles: *Erunt sicut angeli Dei in coelo* (Serán como los ángeles de Dios en el cielo). Era conocida en el Antiguo Testamento. José, Elías, Daniel, Susana.

En el Nuevo Testamento se une la castidad con la virginidad y el Profeta anunciaba: *Ecce Virgo concipiet et pariet filium* (he aquí que una virgen concebirá y dará a luz un hijo).

Elogios que basten para ponderar dignamente la virtud de la castidad, solamente se pueden oír de boca de los ángeles. Jesús quiso nacer de una Virgen y fue Rey de Vírgenes. Su discípulo predilecto fue el apóstol Juan por ser virgen; al morir, le entregó a él su madre. En Roma Juan fue librado de la caldera de aceite hirviendo como premio a su virginidad. Y por ese motivo contempló en visión, en la isla de Patmos, el triunfo de la virginidad en el paraíso.

Esta virtud convierte en otros tantos ángeles a los hombres que la practican.

Mas ¡ay de quien la pierde! La caridad, la castidad y la humildad son tres reinas que van siempre juntas: no puede existir una sin las otras. Mientras uno es casto, tiene viva la fe, firme la esperanza y ardiente la caridad, pero cuando se abandona al vicio, empieza a dudar de las verdades de la fe. La incredulidad, la herejía, no tuvieron ni tienen otro principio.

Medios negativos

---

[25] Don Lemoyne, *Memorias biográficas*, tomo 9.

Para guardar esta virtud hay medios positivos y negativos. *Los negativos son la fuga de las ocasiones.* Por tanto, hay que cerrar las ventanas por donde entra el demonio a robarnos esta virtud. Ventanas son los ojos, cuya curiosidad debemos frenar, porque lo que se ve, si es ilícito, deja mala impresión. *Pepigi foedus cum oculis meis ut ne cogitarem quidem de virgine* (había yo hecho un pacto con mis ojos, y no miraba a ninguna doncella) (Job XXXI, I).

Por tanto los que, al ir a su pueblo, toman parte en alguna fiestecita, no podrán librarse de ver ciertas cosas que pondrán en gran peligro esta virtud. *Oculus meus depraedatus est animam meam* (me hacen daño mis ojos) (Lm III, 51).

No fijar la vista en el rostro de las personas de otro sexo y ni siquiera en el de los jóvenes más agraciados. La misma precaución hay que tener al enseñar el catecismo a las niñas o a los niños (…).

No leer jamás libros inmorales, novelas, comedias, relatos sentimentales, o profanos. Hay que exceptuar entre éstos los que hay que estudiar o enseñar por obligación: ¡hay tantos libros buenos e instructivos para leer en toda clase de ciencias!

Cerrar ambos oídos, porque causa daño incalculable oír una conversación y hasta una sola palabra maliciosa. Huir de lugares peligrosos ante la presencia de ciertos deslenguados. Evitar las conversaciones con personas mundanas y los centros de diversiones.

No aceptar invitaciones para convites mundanos. Y si uno está obligado a ir, saber callar, dar muestras de disgusto, cerrar los oídos cuando se oyen malas conversaciones e invocar el auxilio de Dios, hacer o decir lo que el Señor inspira o alejarse con cualquier pretexto.

También hay peligros de este género, y aún mayores, en ciertas familias. Por esto os aconsejo que no vayáis a casa, si no estáis obligados a ello por un estricto deber.

Para que no entre el demonio, cerrad la puerta, que es la boca; porque con la lengua se tienen las malas conversaciones, y no me refiero a las que ofenden directamente la bella virtud, sino más bien a ciertas formas de hablar que parecen indiferentes; a ciertos cuentos, fábulas, historietas que no son malas por sí mismas, sino por ciertas circunstancias; a chistes poco correctos; bastan a veces para despertar malos pensamientos en los jóvenes, que ya fueron víctimas de ciertas debilidades, o bien inducen a otros a interpretarlos mal, ocasionando menosprecio hacia quien ha hablado. En tales casos, los buenos se alejan si pueden. Por tanto, no hablar más de lo necesario y siempre de algo útil para el alma.

Por la boca entra el alimento... No hay que comer cosas fuertes, picantes, rebuscadas, de difícil digestión, demasiado abundantes o sabrosas, como son los dulces, las confituras. No hay que beber vinos exquisitos o licores embriagadores y mucho menos sin medida, porque, obrando así, resulta un doble milagro conservar la bella virtud. Cuando menos se espera se presentan los pensamientos o deseos ilícitos deliberadamente, con peligro de acciones abominables.

Por la noche no quedarse totalmente en ayunas; pero cuanto más ligera sea la cena, tanto más seguros estaremos. Añado las mortificaciones, no sólo no buscando alimentos que halagan la gula, sino frenando estos deseos.

Estemos contentos con lo que la Providencia nos suministra.

En cuanto a las ocasiones peligrosas os diré que evitéis estar a solas con personas de otro sexo. Cuando debáis tratar con ellas sed lo más breves que podáis y, después de una mirada indiferente al principio, hablad con la cara vuelta a un lado, volviendo los ojos de acá para allá sin afectación. No vayáis acompañados de ellas por la calle. Absteneos de estrecharles la mano, aunque sean vuestras hermanas, de mirarlas afectuosamente, de hacerles regalos, escribirles cartas demasiado tiernas, hacerles confidencias demasiado exageradas, dar preferencia a una más que a otra. *Qui familiaritatem non vult vitare suspectam, cito labitur in ruinam* (el que no quiere evitar una familiaridad sospechosa, pronto cae en la ruina). Somos cristianos, somos religiosos y no debemos dejarnos seducir por las cosas de la tierra. Por eso hay que huir *tamquam a facie colubri* (como de una serpiente) y cortar toda relación.

También hay que usar grandes cuidados en el trato con personas religiosas: *Hospitiolum tuum aut raro, aut nunquam mulieris pedes terant. Omnes puellas aut virgines Christi, aut aequaliter ignora, aut aequaliter dilige. Nec sub eodem tecto mansites: nec in praeterita castitate confidas* (que los pies de la mujer no pisen tu albergue nunca o rara vez. Desconoce o ama por igual a todas las hijas o doncellas de Cristo. Y no habites bajo el mismo techo: ni te fíes de la pasada castidad) (San Jerónimo a Nepociano) *Si propter officium clericatus, aut vidua visitatur, aut virgo, numquam solus domum introducas* (id) (si por ministerio clerical, visitas a una viuda o a una doncella, nunca entres solo en casa).

Huir también de las *amistades particulares* con los jóvenes, porque tienen atractivos que se hacen querer. Abstenerse de los besos, de tomarlos por la mano, ponerles las manos en la cara, acariciarlos, sea como sea, de manera afectuosa; no os permitáis gestos o palabras que puedan despertar en ellos un mal pensamiento, un afecto sensible; y peor aún entretenerse con ellos a solas. Jamás los metáis en la propia celda. Esto acarrea envidias, sospechas, maledicencias y escándalo.

Procurad también inculcar prudentemente estos cuidados a los alumnos. No os ilusionéis con las victorias pasadas, porque se vence una, dos, tres veces, pero después, a la cuarta se cae. *Apprehende fugam, si vis referre victoriam* (huye si quieres triunfar).

Nadie crea que está seguro por su edad avanzada; nada de eso; porque ¿quién es más fuerte que Sansón, más santo que David, más sabio que Salomón? Pues, pese a tantas virtudes, cayeron desgraciadamente. No olvidemos que *habemus thesaurum in vasis fictilibus* (llevamos un tesoro en vasijas de barro).

Medios positivos

Para conservar la virtud de la castidad hay medios positivos y negativos. Hemos reducido los medios negativos a la fuga de las ocasiones y de todo lo que puede ocasionar un mal pensamiento o una mala impresión.

Los medios positivos se reducen a cuatro: Oración – Fuga del ocio – Frecuencia de los Santos Sacramentos – Huir de las ocasiones.

Salomón escribió en el capítulo VIII, 19 del libro de la Sabiduría:

«Era yo un muchacho de buen natural, me cupo en suerte una alma buena, o más bien, siendo bueno, vine a un cuerpo incontaminado; pero comprendiendo que no podría poseer la sabiduría si Dios no me la daba (y ya era un fruto de la prudencia saber de quién procedía esta gracia) me dirigí al Señor y se la pedí; le dije con todo mi corazón:

– Dame la sabiduría que se sienta junto a tu trono, y no me excluyas del número de tus hijos...

1) El primer medio es, pues, la oración

Se entiende por oración todo lo que eleva nuestros afectos a Dios. La meditación de la mañana es la primera. Hacedla todos siempre, pero descendiendo a la práctica, acabadla siempre con la resolución de sacar fruto de ella, de evitar un defecto, de practicar alguna virtud. Hay que rezar, si se quiere alcanzar. Después, las oraciones que se hacen en común, por la mañana y por la noche, deben servir para impetrar de Dios lo que se necesita para el alma y para el cuerpo. Récense bien y siempre.

Récelas cada uno, si puede junto con los demás. Si no puede, paciencia, pero no deje nunca de rezarlas... No las olvide... récese cada día el Rosario, asístase a la santa misa y léase algún libro devoto.

La oración debe ser manifestación de fe, que invita a los presentes a alabar a Dios. Nosotros los Salesianos comenzamos por oír bien la santa misa. Los sacerdotes celébrenla con gravedad reverente, edificante, cumpliendo con exactitud las ceremonias. Ellos y los que ya están próximos a las órdenes, estudien bien las rúbricas. Hay que enseñárselas también a los alumnos, e inculcarles la debida compostura en esta santa acción. Hace tanto bien ver a un muchacho ayudando con devoción la santa misa. Se ha convertido ya en un proverbio en los pueblos:

- Ese chico ayuda tan bien a misa, porque es alumno de don Bosco.

Y vosotros, sacerdotes, rezad el breviario *digne, attente ac devote* (digna, atenta y devotamente) y si podéis, ante el sagrario. Hay que hacer bien la genuflexión y la señal de la cruz, para animarse a la oración.

Repartid estampas, libritos, medallas que recuerden la bondad de María Santísima. Animad a los alumnos a cantar sus alabanzas, a celebrar sus novenas y sus fiestas, sus sábados, y decidles las indulgencias concedidas por la Santa Sede en tales ocasiones. Tened una ardiente devoción a esta Madre Santísima: *Sileat misericordia tua, Virgo Beata, si quis est qui te invocatam in necessitatibus meminerit defuisse* (no se hable de tu misericordia, Bienaventurada Virgen, si hay alguno que, habiéndote invocado en sus necesidades, recordase que le ha fallado) (San Bernardo, 4.° sermón sobre la Asunción).

Aquí tenéis lo que quería deciros sobre la oración; acerca de ella debo notar que la mayor parte de vosotros hace lo que os he recomendado y yo estoy contento de ello.

2) El segundo medio es la fuga del ocio.

Vult et non vult piger. Desideria occidunt pigrum (el perezoso quiere y no quiere. Los deseos matan al perezoso)

(Prov XIII, 4 – XXI, 25). *In desideriis est omnis otiosus* (todo ocioso vive de deseos) (San Jerónimo ad Rusticum). *Omnem malitiam docuit otiositas* (la ociosidad enseña todos los males). Y san Jerónimo ad Rusticum, añade: *Facito aliquid operis ut te diabolus semper occupatum inveniat. Nunquam de manu et oculis recedat liber* (haz algún trabajo para que el diablo te encuentre siempre ocupado. No caiga nunca el libro de tu mano y de tus ojos).

Si estamos ocupados, el demonio no podrá vencernos jamás. Espera siempre a asaltarnos cuando estamos ociosos. Hay que levantarse por la mañana enseguida, cuando nos llaman. No ir a descansar en tiempo indebido. Durante el día, al acabar los propios deberes, ponerse a leer algún libro que trate de cosas espirituales. Habría que leer también la Historia Eclesiástica, pero sólo los trozos que el tiempo nos permite. Tenemos las obras de Calmet, Bercastel, Rohrbacher. La traducción de la Biblia de Martini, con el texto y notas que es uno de los más bellos estudios sobre la Biblia. *Divinas scripturas saepius lege, immo nunquam de manibus tuis sacra lectio deponatur* (lee a menudo las Sagradas Escrituras, y nunca apartes de tu mano la lectura sagrada (San Jerónimo a Nepociano).

Cuando la mente cansada no resiste una ocupación determinada y necesita descanso, es preferible no hacer nada: pasead, jugad, saltad, entregaos a cualquier trabajo material. Así aconsejaba san Felipe Neri. No estéis nunca un minuto ociosos. En fin, no hay que dar descanso al cuerpo y concederle sólo lo indispensable para su conservación.

3) El tercer medio positivo para conservar la virtud de la pureza es la frecuencia de los sacramentos

El Concilio de Trento expresó su vivo deseo de que se recibiese la comunión siempre que se asiste a la santa misa. Es alimento que da fuerza, alimento de vida. *Qui manducat hunc panem, vivet in aeternum* (quien come de este pan, vivirá eternamente) (Juan VI, 59).

En cuanto a la confesión, el que tiene la conciencia tranquila puede esperar ocho días y hasta quince; pero el que fuere tentado puede confesarse aún con más frecuencia durante la semana. Así daría un golpe con seguridad de éxito contra el tentador y con gran ventaja para su alma. Confiésese de las faltas escabrosas y aun dudosas; de las faltas pequeñas y de las circunstancias para tener un consejo seguro. Necesitamos un guía. *Nec ipse te doceas, et absque doctore ingrediaris viam quam numquam ingresus es* (no te fíes de ti mismo y te metas, sin maestro, por un camino que nunca debías haber tomado) (ad Rusticum).

El que no pueda comulgar sacramentalmente cada día, no deje nunca de hacer la comunión espiritual y recomiéndela a los demás.

Hágase todos los días la visita a Jesús Sacramentado, en común por cuanto se pueda y a la hora establecida: y el que no pudiera ir a la iglesia con los hermanos, hágala a otra hora, pero no la deje nunca. Al hacer la visita, recítese alguna jaculatoria, por ejemplo: Sea alabado y reverenciado en todo momento, el santísimo y divinísimo Sacramento.

4) El cuarto medio es huir de las ocasiones y tentaciones

Si vis magnus esse, a minimo incipe. Principiis obsta (si quieres ser grande, empieza por lo más pequeño. Oponte al principio) (San Agustín). Hay que ponerse enseguida en guardia, al ser tentados; ponerse a hacer cualquier cosa, mudar de posición, pasear, distraerse con cualquier fantasía o recuerdo agradable, cambiar de ocupación o cosas semejantes. Al empezar la tentación, es fácil vencerla, pero si se espera a combatirla, ello es difícil, porque uno resulta más débil, cuanto más fuerte se hace el enemigo.

Rechazad enseguida el asalto alejándoos del peligro, pero enseguida, enseguida, porque en las cuestiones contra la modestia, si consentís, no hay parvedad de materia. Hay que suspender, por el momento, hasta la lectura de un libro bueno, si nos impresiona demasiado una descripción.

Cuando vemos una litografía, un cuadro, una figura que nos perturba, aunque no sea mala, un muchacho o una muchacha que no van vestidos muy decentemente, hagamos enseguida una mortificación volviendo la vista a otra parte. Recordemos que *qui spernit modica paulatim decidet* (quien desprecia lo pequeño, poco a poco caerá); y que *qui amat Deum, nihil negligit* (quien ama a Dios, no descuida nada). Y entre tanto, respetarnos mucho a nosotros mismos, caminar modestamente por las calles, sentarse, conversar, bromear, divertirse, etcétera, de modo que en nuestra compostura se refleje la bella virtud.

Pongamos, pues, en práctica todos los medios para vencer, más aún, para prevenir las tentaciones.

No acostarse después de comer. A la hora del descanso, acostarse con las manos sobre el pecho. Rezar hasta dormirse y, si durante la noche nos despertamos, volver a rezar; decir jaculatorias, besar el escapulario, el crucifijo o la medalla que se lleva al pecho. Tener en la celda agua bendita; hacer la señal de la cruz con fe.

Si cumplimos estos avisos, también nosotros podremos cantar, como esperamos, el himno que cantan los que vestidos de blanca túnica *sequuntur Agnum quocumque ierit* (siguen al Cordero adonde vaya). Honrad los sábados a la Virgen con alguna práctica de piedad; inculcádselo a los jóvenes, pero empezad vosotros dando ejemplo".

El joven que caía siempre en los mismos pecados y la ayuda de María

"Había un joven[26] que caía siempre en los mismos pecados. Su confesor le dio por penitencia rezar tres avemarías todos los días, hasta que volviese a confesarse. Tornó el joven a confesarse por segunda, por tercera, por cuarta y aun por quinta vez y siempre con los mismos pecados; y el confesor le daba siempre tres avemarías como penitencia. Hasta que un día dijo el joven al confesor:

---

[26] Don Lemoyne, *Memorias biográficas*, tomo 8.

– Padre, todo inútil. ¡No puedo!

– No te desalientes, hijo mío, respondió el confesor: sigue rezando tres avemarías todos los días hasta que vuelvas a confesarte. Ahora tendrá lugar la batalla entre la Virgen y el demonio, y la Virgen vencerá, seguro.

Mientras tanto el joven tuvo que salir de aquel país e ir de viaje con sus padres. Y siguió rezando cada día las tres avemarías a la Virgen, pero las decía de corazón, y no cayó más en aquellos pecados. Volvió a la Patria, fue a aconsejarse de nuevo con el confesor de costumbre, y le manifestó que no había caído en ninguna de las faltas que solía cometer. Preguntóle el confesor cuándo había recibido la gracia de la Virgen, y respondió el joven:

– Cuando, al rezar las tres avemarías, empecé a reflexionar en las palabras: ruega por nosotros pecadores. A partir de aquel instante cesaron las recaídas".

Don Bosco y su vida de pureza

"Las palabras convencen pero los ejemplos arrastran", reza el dicho. Hemos visto muchísimos ejemplos, consejos y anécdotas que San Juan Bosco comentaba para instrucción y edificación de los suyos; nos pareció interesante también añadir a modo de ejemplo cómo era "su" vida de pureza.

El ejemplo de siempre

"«Sólo al verlo, asegura monseñor Piano, podíase intuir su amor por la bella virtud»[27].

Sus palabras, su ademán, su trato, y todos sus actos exhalaban un candor y un hálito virginal, que cautivaba y edificaba a quien se acercaba a él, aun cuando fuera un pervertido. El aire angelical que irradiaba su rostro tenía un atractivo especial que conquistaba los corazones. Jamás salió de sus labios una palabra que pudiera ser menos conveniente. En su porte evitaba cualquier gesto, cualquier movimiento que tuviese el menor asomo mundano. Para quien le trató en los momentos más íntimos de su vida, lo más extraordinario que en él encontró fue la suma atención que constantemente prestó a los más solícitos cuidados para no faltar en lo más mínimo a la modestia. Algunos de los suyos quisieron examinar en todo y por todos su conducta exterior, observándole alguna vez hasta por el ojo de la cerradura de la puerta, y nunca le sorprendieron en actitud menos digna. No se le vio, ni siquiera una vez, cruzar las piernas una sobre otra, tumbarse a la larga sobre una butaca, ni meter la mano en el seno o en los bolsillos, ni siquiera en tiempo frío, para calentarlas.

No permitía que en su presencia se contaran chistes groseros, se enojaba al oír una frase un tanto libre y no dudaba en advertírselo a quien la había dicho.

---

[27] DON LEMOYNE, *Memorias biográficas*, tomo 5.

Todos sus escritos son un modelo de suma delicadeza a este respecto, verdadero y terso reflejo de su alma.

«Algunas veces nos sucedió, dice Miguel Rúa, a mí y a mis compañeros, encontrarnos apurados para contar algún pasaje del Antiguo Testamento; consultábamos su Historia Sagrada y encontrábamos la forma de contarlo con toda delicadeza, sin peligro alguno de inconveniencias. Puede decirse también de él lo que se afirma de nuestro Divino Salvador, que, acusado de tantas maneras por sus enemigos, nunca lo fue sobre la castidad. Así que puede afirmarse que conservó, en forma heroica, esta virtud durante todo el curso de su vida».

Un día conversaba don Miguel Angel Chiattelino con don Bosco, su confidente y consejero. El buen sacerdote estaba preocupado con graves escrúpulos, después de haber confesado, por si no había hecho las preguntas necesarias para asegurar la integridad del sacramento. Entonces, don Bosco, para tranquilizarlo, le contó que habiendo ido él a confesarse con un sacerdote, novato en el sagrado ministerio, al ser preguntado sobre ciertas faltas, le respondió que, por la gracia de Dios, nunca las había cometido.

– ¿Y tal cosa?

– No, señor, nunca; el Señor me ha ayudado siempre.

– ¿Y tal otra?

– Tampoco, gracias a Dios.

Y agregaba don Bosco que aquel confesor parecía quedarse en ayunas y como si temiera que su penitente no era sincero. Luego aconsejaba a don Miguel Angel que, cuando se presume que una persona está suficientemente instruida en sus deberes, es una regla segura de prudencia que el confesor acepte la acusación tal y como se la hacen, y no se preocupe ni preocupe al penitente. Por tanto, se persuadiese de que sus temores no eran más que fantasías.

Don Miguel Angel Chiattelino añadía cuando nos contaba este hecho:

– Al oír estas palabras de don Bosco, y juntarlas con otras que recordaba se le habían escapado una vez, al dar un consejo importante, me persuadí de que don Bosco no había caído nunca en culpa grave.

También don Ascanio Savio, que estudió a don Bosco desde el principio y durante más de cuarenta años, aseguraba estar convencido de que nunca había perdido la inocencia bautismal, y que compartían su opinión otros antiguos alumnos sacerdotes.

Don Bosco dejaba que los hombres le besaran la mano y nos decía que esto debía permitirse porque los sacerdotes están revestidos de un carácter y una autoridad divina, y sus manos están consagradas. Estos sentimientos quedaban manifiestos en todos sus actos. Permitía a las mujeres alguna vez esta muestra de respeto, pero nunca sostenía su mano en las suyas, y a menudo se libraba de ello, pero sin descortesías.

Durante los primeros años del Oratorio, cuando aún no había portería, solía recibir las visitas, después de misa, bajo los pórticos de la casa, y nunca se vio que diera audiencia a las mujeres en su habitación.

Más adelante, cuando la casa se agrandó, las recibía en su pieza, la cual estaba adjunta a la salita de espera, donde se encontraban otras personas que aguardaban turno, y uno de la casa que anunciaba quién deseaba hablarle. Tenía, además, la puerta semiabierta, de suerte que todos los presentes pudieran ver tranquilamente. Si, a veces, se presentaba una señora vanidosamente vestida, él sostenía su vista clavada en el suelo, según todos le vieron siempre y atestiguan don Miguel Rúa, monseñor Piano y cien más. Se sentaba a cierta distancia de las visitantes y nunca de frente; no las miraba a la cara y no les estrechaba la mano al llegar o al marcharse; y las despachaba lo antes posible. Como quiera que muchas de aquellas personas necesitaban consuelo, no usaba nunca expresiones cariñosas, que no hubieran podido remediar un mal, sino produciendo otro. Por eso, con gravedad y mesura, las consolaba en sus aflicciones con una frase que solía repetir frecuentemente: *Fiat voluntas tua!* (¡Hágase tu voluntad!). O también con ésta: «Dios no desampara a nadie; quien acude a él con el alma limpia de pecado y la oración bien hecha, alcanza cuanto necesita». Evitaba hasta tutear a ninguna, aunque fuera pariente suya, salvo a las niñas o chicas de pocos años. Pero aún con éstas era muy recatado. A veces, alguna señora pedíale la bendición y le rogaba signara su frente o sus ojos con la esperanza de poder curar de su malestar; pero don Bosco nunca condescendió con su deseo.

En cierta ocasión, una de estas señoras le tomó la mano para llevársela a su cabeza, y él la reprendió severamente. Fue testigo de ello don Miguel Rúa.

Yendo por la calle no saludaba nunca él primero a una dama, aunque fuera bienhechora. No visitaba a una señora, si no lo exigía la gloria de Dios o una gran necesidad. Muchas veces fue invitado por alguna a subir en su coche, ya que salían de casa a un mismo tiempo, pero don Bosco daba las gracias y no aceptaba la invitación; y, si en alguna ocasión la aceptó, fue porque iba acompañado de uno de los suyos, o bien de algún caballero.

Y esta eminente circunspección era la que recomendaba a sus alumnos. Contaba el teólogo Reviglio:

«Recuerdo que, cuando fui de párroco y vicario foráneo a Volpiano, don Bosco me recomendó que nunca hiciera la menor caricia para premiar o alentar a las muchachas, porque decía: Esto puede dar lugar a habladurías. Cuando más tarde llegué a párroco de San Agustín en Turín, me insistía en que usara la máxima circunspección y modestia aun en lo lícito para conservar el prestigio de párroco casto».

Don Bosco era celoso de este prestigio. Don Angel Savio y monseñor Cagliero nos contaron que llegó él en cierta ocasión a Castelnuovo y, como necesitaba afeitarse, buscó una barbería. Entró en la primera que halló y se presentó una mujer, la cual, después de saludarlo cortésmente, le invitó a sentarse, asegurándole que sería atendido enseguida. Hay que saber que su padre era barbero y que, por no tener hijos, había enseñado su oficio a la hija. Empezó ella a colocarle la toalla por delante.

– Hasta aquí pase, dijo para sí don Bosco, esperando que llegara el barbero en persona.

Pero en esto vio que la mujer preparaba la navaja y tomaba la bacía para remojar la barba y rasurarle. Se levantó, tomó el sombrero y despidiéndose dijo:

– No permitiré jamás que una mujer me tenga agarrado por las narices. ¡Ni hablar! Hasta ahora ninguna tocó estos carrillos más que mi madre.

Y se marchó. Añadiremos que en sus enfermedades no quiso ser servido por personas de otro sexo, ni siquiera por monjas, y no quiso junto a su lecho más que a sus coadjutores ya mayores, quienes admiraron siempre su cuidadosa diligencia para evitar el menor detalle que pudiera empañar la modestia.

Pero *ex abundantia cordis os loquitur* (de la abundancia del corazón habla la boca).

Don Bosco sabía insinuar en los corazones el amor por la reina de las virtudes en sus sermones, fervorines, conversaciones y conferencias. Hablaba continuamente del inestimable e intrínseco tesoro que ella es; pintaba la hermosura de una alma casta, las alegrías que goza, los consuelos que el Señor le ha preparado en la tierra y en el cielo, cómo en el paraíso sigue al Cordero doquiera él vaya. Sus palabras producían un efecto admirable en los que le oían, de suerte que quedaban prendados de la pureza; palabras que hoy recuerdan todavía con cariño Juan Villa y mil más. Don Bosco no parecía un hombre que hablara, sino un ángel, y sus oyentes iban repitiendo:

– Sólo el que es puro y casto como los ángeles sabría hablar de este modo de la pureza.

Don Bosco electrizaba a sus muchachos, hasta durante el recreo, con exclamaciones espontáneas:

– ¡Querría que fuerais otros tantos San Luis! ¡Mantengamos nuestras promesas! ¡Espero, por la infinita misericordia de Dios, que podamos encontrarnos un día todos con la cándida estola en la eternidad bienaventurada!

Y si algún meticuloso tenía dudas exclamaba:

– Bueno, bueno, acuérdate de que *omnia possum in eo qui me confortat* (todo lo puedo en aquél que me sostiene).

E insistentemente inculcaba a todos la devoción a la Santísima Virgen, diciéndoles que la invocaran en los peligros con la jaculatoria: ¡María, ayúdame! Más aún, les sugería que escribieran en sus libros y cuadernos esa jaculatoria con las iniciales M.A.

Y los prevenía para los peligros que debían evitar.

Además de los medios espirituales, y muchos otros que ya conocemos, insistía en la necesidad de estar siempre ocupados en algo, jugar durante los recreos, no ponerse las manos encima, ni caminar de bracete, andar asidos de la mano o estrechar la del compañero. No consentía que los jóvenes fueran descorteses entre sí o que se abrazaran, aunque sólo fuera de broma. Con prudente rigor, prohibía las amistades particulares, aún cuando en un principio no ofrecieran ningún peligro, y en esto era inflexible. No sólo aborrecía la conversación deshonesta, sino que no podía aguantar que se profiriesen palabras plebeyas, que pudieran suscitar un pensamiento o un sentimiento menos bueno, y decía:

– Ciertas palabras *nec nominentur in vobis* (ni se nombren entre vosotros).

Los exhortaba, además, a obrar siempre de tal suerte que evitaran la más insignificante sospecha sobre su conducta.

Pero en sus pláticas don Bosco hablaba de la pureza más que del vicio contrario y siempre con términos discretos y prudentes. Evitaba proferir los términos de tal pecado; no aplicaba a las tentaciones más epíteto que el de malas y a una caída la llamaba desgracia. Por el contrario, el vocablo castidad no le satisfacía del todo y lo sustituía por el de pureza, que incluía un sentido más amplio y, según él, menos fuerte para la fantasía. Infundía en los jóvenes el mayor horror hacia este vicio, no tanto de palabra, cuanto con todo un conjunto de gracia divina, de persuasión, de cariño, de miedo, que se trasfundía del corazón de don Bosco al suyo. Para animarlos a combatir contra el demonio, repetía con frecuencia: *Momentaneum quod cruciat, aeternum quod delectat* (momentáneo lo que atormenta, eterno lo que deleita). Y lloraba de pena al pensar que muchos jóvenes se perdían por el pecado deshonesto. Hasta llegó a llorar en público al hablar con gran fervor sobre este tema y decir:

– Antes de que se cometan estos pecados en el Oratorio, es mejor cerrar la casa. Estas culpas acarrean la maldición de Dios hasta sobre naciones enteras.

Y los muchachos se iban a descansar conmovidos y cabizbajos, resueltos a guardar celosamente su corazón para Dios.

«Felices aquellos días, exclamaba el sacerdote Bongioanni, en los que una pequeña falta de delicadeza en la modestia nos conmovía hasta el llanto y nos llevaba a porfía a los pies del confesor; tal era el efecto que causaban en nosotros las palabras de don Bosco».

Y añadía don Félix Reviglio, que vivió tantos años en el Oratorio:

– Puede afirmarse bajo juramento que en el Oratorio reinaba un ambiente de pureza, que tenía algo de extraordinario.

Al mismo tiempo, don Bosco formaba a los clérigos asistentes semejantes a él. Les llamaba la atención si advertía que tenían demasiada familiaridad con los alumnos. No permitía que los asieran de la mano, que los dejaran entrar en sus celdas, ni que anduvieran en los dormitorios entre cama y cama, salvo el caso de grave necesidad. Quería que todo entretenimiento o conversación se tuviera en presencia de todos, y bajo ningún pretexto en lugares apartados. Les advertía que en sus gestos, escritos y palabras no hubiese nada que, ni de lejos, ofreciera dudas sobre su virtud. Les inculcaba que guardaran severamente sus sentidos y, cuando los enviaba a ayudar a los actos religiosos a otros centros, les aconsejaba que dejaran los ojos en casa.

– Esta mortificación, les decía, es un escudo de la pureza.

Salió un día don Bosco de casa con un jovencito, el cual, al llegar a una plaza, se distrajo y miraba con insistencia hacia una ventana. De pronto sacudióle la voz de don Bosco:

– ¿Qué miras?

El mozalbete se apresuró a darle una respuesta satisfactoria, y don Bosco, tranquilo y como quien reflexiona, dijo en voz baja:

– *Pepigi foedus cum oculis meis*. (hice un pacto con mis ojos).

Por eso procuraba que las señoras jóvenes no fueran a consultarle en el Oratorio, y fijaba otros sitios para el encuentro por ellas pedido.

Tenemos prueba cierta de ello en varias de sus cartas, entre las cuales, la siguiente, fechada en Turín el 13 de julio de 1854.

Señora condesita:

Llegué a San Francisco cuando ya no tenía tiempo de avisarla. Tenga la bondad de decir a su mamá que mañana, de las tres a las cinco de la tarde, estaré en la Residencia Sacerdotal, y no tendrán más que hacerme llamar por el portero.

Dios la bendiga para que, practicando la virtud, pueda ser el consuelo de sus óptimos padres.

Afmo.

JUAN BOSCO, Pbro.

Era rigurosísimo cuando le pedían consejo acerca de la vocación eclesiástica; solía decir que no se aconsejase o permitiese acceder a las sagradas órdenes a quienes no estuvieran seguros en la práctica de la virtud angélica.

Para animar a los clérigos a atender con cariño a los muchachos, les proponía el ejemplo de Nuestro Señor Jesucristo; pero por miedo a que alguno no supiera interpretarlo bien, no citaba en público y por entero o sin comentarios los pasajes del Evangelio en los que se dice que el divino Salvador abrazaba a los niños, porque, añadía él, lo que Dios hacía, no podían hacerlo ellos sin peligro. Recomendaba sin cesar la vigilancia continua y que apartaran de las manos y de la vista de los muchachos todo lo que pudiera provocar en ellos curiosidad malsana o enseñarles algo de malicia, y les decía:

– No lo olvidéis: *De moribus!* (¡moralidad!), eso es todo; salvad la moralidad. Aguantad todo, la ligereza, el descaro, los descuidos, pero nunca la ofensa a Dios y sobre todo el pecado contra la pureza. Siempre en guardia sobre ello, y prestad mucha atención a los muchachos que se os han confiado.

Y he aquí a don Bosco mismo en medio de sus niños, como maestro y modelo en obras y palabras para sus sacerdotes, sus clérigos y todos sus coadjutores; he aquí brillar su pureza de forma tan rigurosa, delicada y pública, que nunca dio ocasión a la más leve sospecha. Su cariño con los niños, y especialmente con los más pobres y abandonados, como los más necesitados de sus cuidados, por hallarse en mayor peligro de perderse, siempre fue tiernísimo, grande y fuerte, pero espiritual y verdaderamente casto. Aunque procuraba expresarlo de mil modos, nunca se permitió ninguna manifestación demasiado sensible, y ni siquiera estrechaba largamente las manos de un muchacho entre las suyas. Daba una idea perfecta de la presencia del Salvador en medio de los jóvenes. La virtud de la pureza era como una túnica que le cubría de la cabeza a los pies; y por eso los muchachos se acercaban a él con gusto, y le tenían ilimitada confianza, porque sabían que era inocente y puro. El teólogo Leonardo Murialdo añadía, como consecuencia, que la caridad que don Bosco tenía con los jóvenes era tal que éstos le correspondían con tan sincero afecto y de tal modo, que no se podría encontrar otro ejemplo con quien compararlo.

El canónigo Ballesio nos ofrece su testimonio:

«Siempre entre los muchachos, rodeado por ellos y llevado a veces por los mismos de acá para allá, durante los recreos y en los juegos de manos y de carreras demostraba una sencilla desenvoltura y pudorosa agilidad; así que, no sólo sus palabras, sino también su presencia y mucho más su mirada, su sonrisa, infundían amor a esta virtud, que a nuestros ojos era uno de los adornos más brillantes del siervo de Dios y por el que tanto le venerábamos y queríamos. Con frecuencia, cuando jugaba, tenía un gran número de chicos agarrados de una mano y charlando al mismo tiempo de cosas útiles y morales. Siempre muy recatado, de cuando en cuando, para sugerir un buen pensamiento a uno de ellos, le doblaba un poco la cabeza para poder decirle amorosamente una palabra al oído sin que los vecinos la oyeran. Y lo mismo le aconsejaba una de las jaculatorias que él repetía con frecuencia, que se encomendaba a sus oraciones. Se dejaba besar la mano, y aprovechaba la ocasión para entretener a uno al que tenía que dar un aviso o un consejo. Pero, tanto entonces como después, ya fuera del Oratorio y aun los sacerdotes, le besaban con gusto la mano, y lo hacían con una mezcla de aprecio y de profunda reverencia como si besaran una reliquia.»

Don Juan Turchi afirma:

«Cuando estábamos en torno suyo, ofrecía su sola presencia tal atractivo a la virtud de la pureza, que no era uno capaz del pensamiento menos digno; y esta misma impresión la tenían mis compañeros».

También monseñor Cagliero hacía observar:

«Era tal la compostura de su persona y el candor de su alma, cuando nos confesaba, que nos sentíamos invadidos de un santo y religioso respeto y como en un ambiente de paraíso. ¡Qué bien sabía él inspirar con pocas palabras un amor ardiente a la castidad!».

Hay que añadir que nunca se le vio usar con sus muchachos ciertas caricias que otros usan honestamente. Como premio o signo de benevolencia, se limitaba a poner un instante la mano sobre la cabeza, sobre el hombro o en la mejilla, rozándola apenas con la punta de los dedos.

«Y en estas caricias que nos hacía, dice el teólogo Reviglio, había un no sé qué de puro, de irreprensible, de paternal, que parecía infundirnos el espíritu de su castidad, de suerte que nosotros nos sentíamos embelesados y del todo resueltos a practicar la bella virtud».

Hay que notar que, cuando un alumno iba a hablar a solas con él, en su aposento, lo trataba con un recato todavía mayor; aunque siempre afectuoso en sus palabras, no se permitía ninguna de las muestras dichas, ni aún mínimas, de familiaridad.

Desde el principio hasta su último respiro continuó don Bosco con su actitud prudente, ingenua y santa, infundiendo amor a la pureza y, por lo mismo, a la virginidad en sus muchachos. Aunque éstos fueran un conjunto de gente diversa y de toda condición y origen, quedaron tan prendados de ella, y la tenían en tal estima, que el fulgor de tan bella virtud brillaba de un modo singular en la mayor parte de ellos. Se manifestaba en sus palabras, en su mirada y en el mismo porte de su persona. Es indecible el horror que sentían por el pecado.

De ahí aquella hondura de piedad amada, sólida y verdadera que era la característica del Oratorio: una piedad casi superior a su edad e increíble para los profanos. Nosotros lo hemos visto mil veces en la iglesia: su rostro presentaba siempre un aspecto tan amable que encantaba, y tenía su mirada tal fuego de inestimable candor que no hay pluma capaz de describirlo. Es el reflejo del rostro del Señor: *Beati mundo corde quoniam ipsi Deum videbunt*, (bienaventurados los limpios de corazón porque ellos verán a Dios).

Algunos de estos muchachos eran llevados por don Bosco, sin que ellos lo supieran, a ciertas familias nobles de la ciudad para edificación de sus hijos, y, a veces, con idéntico fin, había señores y nobles de Turín que llevaban a sus hijos a las funciones del Oratorio.

La causa de la gran caridad y pureza de aquellos jóvenes nos la hizo notar un excelente y veterano profesor, que fue alumno del Oratorio:

«Juzgando ahora lo que yo vi durante más de diez años en el Oratorio, llego a la conclusión de que no vi a ningún otro sacerdote, de los muchos que conozco, que ardiera en tan grande y puro amor de Dios como don Bosco, y que tanto se ingeniase para que todos lo amáramos»".

La compostura de Don Bosco

"Aquella charla era como la introducción a tantos avisos como les daría a lo largo del año[28]. Le hemos oído con frecuencia repetir desde el púlpito la amonestación de san Pablo a los Corintios: *Corrumpunt mores bonos*

---

[28] Don Lemoyne, *Memorias biográficas*, tomo 9.

colloquia mala (las malas conversaciones corrompen las buenas costumbres). Bajo los pórticos, por la noche, explicó el versículo del Eclesiástico, capítulo XXVIII: «Cerca tu hacienda con espinos, no escuches la mala lengua y pon puerta y cerrojo a tu boca».

Cuando hablaba de la huida de los malos compañeros, hacía suyas las palabras del Apóstol de las gentes: «Si hay alguno entre vosotros, que, a pesar de llamarse hermano, es desvergonzado... escandaloso... maldiciente, no debéis acercaros a él y ni siquiera comer con él».

Procuraba inculcar la bella virtud en el corazón de los jóvenes con palabras y formas delicadísimas. En lo concerniente a la compostura exterior, prohibía a menudo la excesiva familiaridad en razón de la buena educación, la urbanidad y el respeto mutuo.

Don Bosco era un modelo de compostura. Cuenta don Francisco Dalmazzo: «Desde que conocí a don Bosco, quedé impresionado por la modestia con que hablaba a los muchachos. Jamás se permitía con ellos esas familiaridades que ciertamente no desdicen de un sacerdote en medio de los muchachos. Ordinariamente tenía los ojos bajos, cuando hablaba, aunque los alumnos se percataran por alguna rápida mirada de que poseía una vista finísima y escrutadora».

Su hablar era limpísimo.

Pudimos advertir muchas veces su discreción. Si oía a alguien hablar del vicio opuesto a la virtud de la castidad con alguna frase imprudente, decía:

– San Pablo no quiere que se hable de estas cosas entre cristianos.

Y añadía:

– ¿Por qué no podéis encomiar la virtud angélica en vez de mancharos la boca con esas palabras?

Si sucedía que se aludía en su presencia, a un hecho escandaloso del que hablaban los periódicos, se ponía serio de pronto y, después, imponía silencio, mostrando claramente que no podía soportar tales conversaciones.

Y en cambio, brotaban jaculatorias de su corazón para que el Señor le preservara del pecado.

Acompañábale un día al Refugio el reverendo Merlone, y le oyó exclamar en voz baja, antes de entrar:

– *Fac, Domine, ut servem cor et corpus meum inmaculatum tibi ut non confundar* (haz, Señor, que guarde mi corazón y mi cuerpo inmaculado para Ti, para no ser confundido).

Y volviéndose a él añadió:

– Mira, amigo mío, un sacerdote fiel a su vocación es un ángel; y quien no es así, ¿qué resulta? Se convierte en objeto de compasión y de desprecio para el mundo.

Todos veían un ángel en don Bosco.

Atestiguó don Francisco Dalmazzo que, un día del año 1868, le acompañó al Instituto de las Huerfanitas de Turín, donde residían más de cien doncellas. Con gran maravilla suya vio que todas las religiosas y las jóvenes estaban de rodillas a sus pies, con tal veneración como no lo hubieran hecho ante un santo. Al salir preguntó por qué guardaban aquel ademán ante él y respondió:

– Todo procede del concepto que esta casa tiene de la castidad sacerdotal.

Y añadió don Bosco para su enseñanza:

– Cuando un sacerdote vive puro y casto, se convierte en dueño de los corazones y obtiene la veneración de los fieles.

Era muy circunspecto en el trato con las personas de otro sexo, de la nobleza o del pueblo que, desde 1865 hasta el fin de sus días, acudieron en número incalculable a visitarle, por razón de su ministerio, para acudir a María

Santísima o para recomendar muchachos; nunca clavaba los ojos en su rostro y jamás les estrechaba la mano; sólo permitía, y no siempre, que le besaran la suya. En la habitación se sentaba a cierta distancia de ellas. Procuraba, dentro de lo posible, ser breve y, si alguna vez se alargaba la conversación, decía para excusarse, con san Francisco de Sales:

– ¿Acaso no es una gran caridad dejarles hablar? ¡Lo necesitan mucho las pobrecitas!

Y todos admiraban su compostura. Aunque, con ocasión de fiestas, había muchas que se agolpaban en su derredor, en la sacristía o en el patio, para conseguir su bendición, se veía en ellas un profundo sentimiento de respeto y de veneración hacia él. Nunca se oyó a ninguno de los espectadores hacer la más mínima recriminación sobre su conducta.

Monseñor Galletti, obispo de Alba, le apreciaba tanto que, habiendo ido a visitar a don Bosco, entró en su habitación, sin estar él presente, y dijo:

– ¡Qué suave perfume de santidad hay aquí dentro!

Era la habitación de la oración, de las vigilias, del trabajo, de la mortificación y hasta de las más pequeñas cosas; en suma era la habitación de un alma pura.

«La castidad, atestiguó el canónigo Berrone que fue alumno aquel año, se leía en su mirada, en su compostura, en las palabras, en todos sus actos; bastaba mirarle para sentir el perfume de su virtud: estoy plenamente convencido de que llevó a la tumba la estola de la inocencia bautismal. Y, como fruto de sus santas máximas y de sus buenos ejemplos, recuerdo con agrado que en el Oratorio florecía esta bella virtud»".

Recuerdos personales de su vida para vencer la impureza

"Atestigua don Joaquín Berto[29]:

«Viví a su lado; le serví durante más de veinte años y puedo asegurar que la virtud de la modestia en sus miradas, en sus palabras, en su trato, llegaba al más alto grado de perfección. El secreto para alcanzar esta perfección fue su continua ocupación de la mente, su extrema fatiga de día y de noche y su calma imperturbable. De él emanaba una influencia llena de vida. Yo mismo puedo decir que su simple presencia alejaba de mí todo pensamiento inoportuno».

Esto era efecto del amor que ardía en su alma por el Señor, con quien estaba siempre en íntimo coloquio. Pero raramente podían ser advertidas las jaculatorias y acaso sólo cuando se proponía dar a alguno una norma a seguir en circunstancias similares a las que él se encontraba (…).

Cuidaba de que todos sus muchachos fuesen ángeles y les iba repitiendo los consejos practicados por él mismo previniéndoles sobre cuanto podía ser perjudicial a sus almas. La crónica de Bonetti del mes de febrero nos conservó algunas de aquellas exhortaciones:

«10 de febrero. Esta noche dio don Bosco a todos los muchachos unos avisos para conservar la virtud de la modestia y los resumió en dos versos de Foresti que dijo haber leído hacía veinticinco años: – *Abstrahe ligna foco si vis extinguere flammam*; – *Si carnis motus, otia, vina, dapes*. (separa la leña del fuego si quieres apagar la llama; para domar los movimientos de la carne, evita el ocio, el vino, los manjares).

»11 de febrero. Antes de que los jóvenes fuesen a dormir don Bosco les aconsejó que no perdieran ni un minuto del día, sino más bien que lo ocuparan totalmente para no dar lugar al demonio tentador. A la hora de oración

---

[29] Don Lemoyne, *Memorias biográficas*, tomo 7.

o de iglesia hay que rezar; a la hora de estudio, estudiar, a la hora de recreo, jugar alegremente; a la hora de dormir, si tarda en venir el sueño, hay que trabajar con la mente, repitiendo por ejemplo las lecciones del día siguiente, repasando una traducción, ordenando las ideas de una redacción:

»– Yo, dijo él, cuando era joven y no conseguía dormirme, recitaba cantos enteros del Dante; a veces, contaba de uno a diez mil; otras, rezaba y esto es lo que yo os aconsejo. Si tardáis en dormiros y mucho más si os asalta una tentación, os recomiendo, como medio seguro de victoria, que os propongáis el rezo de cincuenta avemarías. Empezadlas enseguida e idlas contando con los dedos de las manos a medida que las vais repitiendo. Os aseguro que la gracia de Dios y la protección de la Virgen, os traerán infaliblemente ayuda; y el esfuerzo de memoria para contar aquellas avemarías os conciliará el sueño antes de que lleguéis a la mitad, o a un tercio de las mismas.

»12 de febrero. Don Bosco recomienda particularmente y con fervor la devoción a María Santísima y las visitas frecuentes al Santísimo Sacramento».

«14 de febrero. Esta noche, después de las oraciones, sugirió don Bosco a los jóvenes otro medio para conservar la pureza:

»– Familiarizaos con el uso de las jaculatorias; cuando os sintáis tentados, volved enseguida vuestros ojos a María y exclamad: ¡María, mi querida Madre, socorredme! – O también recitad la oración que pone en nuestros labios la santa Iglesia: Santa María, Madre de Dios, ruega por nosotros pecadores ahora y en la hora de la muerte... – O bien haced la señal de la santa cruz, que está muy descuidada por algunos cristianos y no se le da la debida importancia. Yo os aseguro que, si en aquel momento pedís por uno, el Señor os dará por diez. Si aún queréis más, pedid esta virtud en la Santa Misa. ¡Mirad! Desde los orígenes del Oratorio yo establecí que, al llegar la misa a la elevación cesara todo rumor, cantos y oraciones vocales. ¿Queréis que os diga porqué? Precisamente para que cada uno, en aquel momento precioso, tuviese la comodidad de pedir al Señor sin distracciones la virtud de la modestia.

»Mis queridos jóvenes, creedme: si pedís al Señor esta gracia en aquel instante solemne, ¡seguro que el Señor os la concederá!».

«16 de febrero. Este domingo por la noche dio a los jóvenes otro medio para conservar la virtud de la modestia: – Confesaos, dijo, cada quince días, o una vez al mes. No dejéis nunca pasar el mes. Más aún: los que tienen facilidad, tomen el consejo del gran amigo de la juventud san Felipe Neri, el cual exhortaba a sus hijos: "Confesaos cada ocho días y comulgad con más frecuencia, según el consejo de vuestro confesor". Así os digo yo a vosotros: – Confesaos cada ocho días, pero no más a menudo porque, reflexionadlo bien, no son las numerosas confesiones las que nos hacen buenos, sino el fruto que se obtiene de las mismas. Exceptúo el caso en que alguno tuviese que comulgar y hubiese algo que le inquieta; entonces puede acercarse al confesor, exponerle su inquietud y pedirle un consejo: esto no sería propiamente confesarse sino reconciliarse.

»Entre tanto recordad estas dos cosas fundamentales:

»1.º Tened un confesor que conozca bien vuestro interior y no lo cambiéis por miedo a que sepa alguna caída vuestra. Es verdad que no es pecado cambiar de confesor, cuando uno no se atreve a confesarle alguna culpa; pero, sin embargo, es muy peligroso para la virtud de la modestia. Porque al volver a él y no conociendo el estado de vuestra alma, no podrá nunca daros los consejos oportunos.

»2.º Escuchad, y poned en práctica los avisos que el confesor os da; será sólo un consejo, será una palabra, pero dada en confesión, es completamente adaptable a las necesidades de vuestra alma. Mis queridos muchachos, san Felipe Neri formó muchos santos con estas normas. ¿Y quién sabe? Si nosotros las practicamos tendremos también la gran suerte de ser todos buenos, y hacernos todos santos».

«También a sus sacerdotes y clérigos les dijo don Bosco en una conferencia, que se apartasen hasta de lo más mínimo, aún lícito, si puede ser motivo de escándalo para los demás: recomendó que se observasen las reglas de la templanza; que no se comiese o bebiese fuera de la comida y que nadie se preparase café en la habitación. Y añadía que nadie vaya jamás a su casa, a la de los parientes, amigos o conocidos, si no es por los intereses de la Congregación o para cumplir un acto de caridad. No se acepten, por cualquier excusa, invitaciones para festines de bodas u otros banquetes mundanos de cualquier género que sean. Por cuanto sea posible, no se viaje en días de fiesta ni con personas de otro sexo. No se esté en ocio durante el viaje, sino recítese el breviario, récese el rosario a la Virgen o se lea un buen libro»".

Máximas de Don Bosco sobre la Pureza[30]

798

Toda virtud en los niños es un precioso adorno que los hace amados de Dios y de los hombres. Pero la reina de todas las virtudes, la virtud angélica, la santa pureza, es un tesoro de tal precio, que los niños que la poseen serán semejantes a los ángeles del cielo. (BAC. 675).

799

La pureza es un diamante de gran valor; si ponéis un tesoro a la vista de un ladrón, corréis el riesgo de ser asaltados. (BAC. 676).

800

Los limpios de corazón verán a Dios. Por puros de corazón se entiende a los que si por desgracia pecaron, se levantan enseguida. (XVIII, 19).

801

Comenzad pronto a practicar la virtud y os aseguro que siempre tendréis el corazón alegre y contento, y conoceréis cuán dulce y suave es servir al Señor. (BAC. 670).

802

Para conservar la castidad es necesario trabajar y rezar. Si, oración y mortificación. (XII, 468).

803

La virtud de la pureza es tan preciosa y tan agradable a Dios Ntro. Señor, que jamás ha dejado sin protección

---

[30] Rafael Sánchez Vargas, SDB, *100 máximas de Don Bosco*, México 1966. Entendemos que las referencias remiten a sus citas del siguiente modo: las que comienzan con "BAC" a la edición de esta editorial y el resto a las *Memorias biográficas* de Don Lemoyne.

especial en todos los tiempos y circunstancias a los que la practican. (VII, 824).

804

La castidad es el adorno más bello del cristiano. (X, 1088).

805

El ocio y la castidad no pueden andar nunca juntos. (XIII, 801).

806

La castidad debe ser centro de todas nuestras acciones. (XII, 224).

807

Observando la pureza estáis seguros de caminar por el camino recto. Todas vuestras acciones, hasta las más pequeñas, serán agradables a Dios, de todas recabaréis inmensos méritos y estaréis ciertos de llegar al premio inmortal de la Patria celestial, al pleno goce de Dios. (XII,224)

808

Si amáis esta virtud tan delicada, tan gentil, de la pureza, "seréis como los ángeles del cielo". Amando esta virtud tendréis el santo temor de Dios, la paz en el corazón; ya no habrá congojas ni remordimientos, sino un gran atractivo por las cosas que miran al servicio de Dios y disposición para sufrir todo por Él. (XII, 224).

809

La pureza debe ser el centro de todas nuestras acciones. En los tiempos presentes es necesaria una modestia a toda prueba y una gran castidad. (XII, 224).

810

Creo que se puede aplicar a la virtud de la pureza la frase de la Escritura: "Todos los bienes me vinieron con ella". Teniéndola, se tendrán todas las demás virtudes. Las atrae a todas. No teniéndola se esfumarán todas las demás, como si no existieran, (XII, 224).

811

Rogad ardientemente al Señor que os conceda la virtud de la pureza y os la conserve, pues, teniéndola, no necesitaréis preocuparos más. Con la observancia de la pureza os vendrán del cielo todos los bienes y todos los consuelos. (XII, 224).

812

Reúne con frecuencia a los maestros, asistentes, jefes de grupo y de paseo, y diles a todos que se esfuercen por impedir las conversaciones peligrosas, alejar todo escrito, estampas, *"hic scientis est"*, y cualquier cosa que ponga en peligro la reina de las virtudes: la pureza. Den buenos consejos, usen la caridad con los chicos; conociendo algún muchacho peligroso para los compañeros, que te lo digan pronto y empléense las diligencias requeridas. (VII, 525).

813

Por ningún motivo se acepten muchachos expulsados de otro colegio, o que de cualquier modo conste que son de malas costumbres. Si a pesar de las debidas precauciones sucediera que entrara alguno de éstos, asígnenle inmediatamente un compañero seguro que no lo abandone jamás. Y si falta, avísale una vez con severidad, y si reincide, aléjalo del colegio. (XII, 526).

814

Esforzaos para alejar cualquier pensamiento que pudiera, aun remotamente, empañar la virtud de la pureza. Lo que más ayuda a conservarla íntegramente es la obediencia a Dios, porque estas dos virtudes, obediencia y pureza, se complementan la una con la otra, pues, conservando la exacta obediencia, se conserva también el inestimable tesoro de la pureza (XII, 224).

815

Nunca serás bastante severo en las cosas que ayudan a conservar la moralidad. (I, 153– 4).

816

Recuerden los Directores que son responsables de la reputación de ellos mismos, de los hermanos y de los jóvenes. Los niños por ser pequeños no hablan, pero encontrándose después con los familiares platican y aumentan tal vez, hechos, con detrimento de nuestra buena fama y de la gloria de Dios. Ciertos actos inocentes de afecto hacia los jovencitos pueden ser empleados por el Superior, pero no por otros. (XVI, 416– 7).

817

A todos les he estrictamente recomendado y vuelto a recomendar en la presencia de Dios y en la presencia de los hombres, el deber de cuidar la castidad de los Salesianos y de los que en cualquier modo o por cualquier concepto nos confía la Divina Providencia. (XVII, 268).

818

Ni por burla, ni por broma, ni por ninguna otra razón o pretexto, se pronuncien palabras que muevan a risa o resten estima o benevolencia hacia personas de otro sexo. Léase y hágase entender bien el significado de estas expresiones y dése explicaciones en distintas oportunidades. (XVII, 269).

819

Debes darte cuenta de modo particular qué relaciones morales existen entre maestros y asistentes, entre sí y con los alumnos a ellos confiados. (XVII, 260).

820

Nuestros oídos los hemos consagrado enteramente a Dios; así pues no escuches al que murmura o siembra descontento; desecha toda malicia en tus conversaciones, y huye de las reuniones en donde el hablar, aunque no sea malo, sea ligero. (XII, 452).

Conclusión

Nuestro Señor es el único que tiene palabras de vida eterna; sin embargo, aquellos hombres y mujeres que Dios ha suscitado para contradecir al mundo han dejado sus semillas del Verbo mostrándonos como distintas facetas de Aquél a quien seguían. San Juan Bosco ha sido uno de ellos.

El santo de Turín repetía una y otra vez sus enseñanzas acerca de la *bella virtù*, como él la llamaba.

Hoy que lamentablemente debemos sufrir una verdadera tiranía de la impureza sus palabras son actualísimas y, si hemos llegado hasta aquí, valdrá la pena leer y releer sus consejos para que se cumpla en nosotros aquel premio que les tiene prometido a quienes se mantengan fieles: "Bienaventurados los puros de corazón, porque ellos verán a Dios" (Mt 5,8).

P. Javier P. Olivera Ravasi

Índice

Prólogo 3
Una introducción de Don Bosco 7
.... 12
La pureza en los sueños 13
    Las malas confesiones 13
    El ocio y la impureza: el pecado del Rey David 15
    La flor de de la pureza 16
    El pañuelo de la pureza 18
    Consejos desde el Purgatorio 22
    El pastor y los corderos 32
    Animales de la impureza 41
    Consejos desde el más allá para conservar la pureza ... 42
Conferencias de Don Bosco sobre la Bella Virtù 59
    La mortificación de los sentidos 70
    Plática sobre la castidad y consejos para guardarla 83
    Sermón de San Juan Bosco sobre los mandamientos: "no fornicar" 85
    Consejos a sus religiosos para conservar la castidad 96
    Prédica durante unos Ejercicios Espirituales y los medios para conservar la "Bella virtù" 97
    Consejos a sus salesianos 103
Consejos para alcanzar la pureza 105
    La más bella de las virtudes 105
    Consejos de Don Bosco y San Felipe Neri a Magone 108
    Consejos para un joven que vive en el mundo 111

Los nueve guardianes de la pureza 114
Medios positivos y negativos para alcanzar la pureza. 114
El joven que caía siempre en los mismos pecados y la ayuda de María 123
Don Bosco y su vida de pureza 125
El ejemplo de siempre 125
La compostura de Don Bosco 136
Recuerdos personales de su vida para vencer la impureza 140
Máximas de Don Bosco sobre la Pureza......................... 145
Conclusión... 151
Índice 152

Made in United States
Orlando, FL
12 March 2025